Das 5. Geschichtsbuch
aus dem Neuen Testament der Bibel

Die Apostelgeschichte des Lukas

*Erzählungen vom Leben
der ersten Christen
und von den Missionsreisen
des Apostels Paulus*

*Übersetzung nach
Martin Luther 1545*

Bibliografische Information der Deutschen Nationalbibliothek:
Die Deutsche Nationalbibliothek verzeichnet diese Publikation in der Deutschen Nationalbibliografie; detaillierte bibliografische Daten sind im Internet über http://dnb.dnb.de abrufbar.

TWENTYSIX – Der Self-Publishing-Verlag
Eine Kooperation zwischen der Verlagsgruppe Random House und BoD – Books on Demand

Herstellung und Verlag:
BoD – Books on Demand, Norderstedt

ISBN: 978-3-740-76947-5

*Übersetzung: **Martin Luther 1545***

Layout, Schriftsatz, Formatierung:
Antonia Katharina Tessnow
www.antonia-katharina.de

1. Kapitel

*Eingang. Himmelfahrt Christi. Des Matthias
Erwählung zum Apostelamt.*

1 Die erste Rede habe ich getan, lieber
Theophilus, von alle dem, das Jesus
anfing, beides, zu tun und zu lehren,

2 bis an den Tag, da er aufgenommen
ward, nachdem er den Aposteln, welche
er hatte erwählt, durch den Heiligen Geist
Befehl getan hatte, [durch einen heiligen
Geist (1)]

3 welchen er sich nach seinem Leiden
lebendig erzeigt hatte durch mancherlei
Erweisungen, und ließ sich sehen unter
ihnen vierzig Tage lang und redete mit
ihnen vom Reich Gottes.

4 Und als er sie versammelt hatte, befahl
er ihnen, daß sie nicht von Jerusalem
wichen, sondern warteten auf die
Verheißung des Vaters, welche ihr habt
gehört (sprach er) von mir;

5 denn Johannes hat mit Wasser getauft,
ihr aber sollt mit dem Heiligen Geist

getauft werden nicht lange nach diesen Tagen.

6 Die aber, so zusammengekommen waren, fragten ihn und sprachen: HERR, wirst du auf diese Zeit wieder aufrichten das Reich Israel?

7 Er aber sprach zu ihnen: Es gebührt euch nicht, zu wissen Zeit oder Stunde, welche der Vater seiner Macht vorbehalten hat;

8 sondern ihr werdet die Kraft des Heiligen Geistes empfangen, welcher auf euch kommen wird, und werdet meine Zeugen sein zu Jerusalem und in ganz Judäa und Samarien und bis an das Ende der Erde.

9 Und da er solches gesagt, ward er aufgehoben zusehends, und eine Wolke nahm ihn auf vor ihren Augen weg.

10 Und als sie ihm nachsahen, wie er gen Himmel fuhr, siehe, da standen bei ihnen zwei Männer in weißen Kleidern,

11 welche auch sagten: Ihr Männer von Galiläa, was stehet ihr und sehet gen Himmel? Dieser Jesus, welcher von euch ist aufgenommen gen Himmel, wird

kommen, wie ihr ihn gesehen habt gen Himmel fahren.

12 Da wandten sie um gen Jerusalem von dem Berge, der da heißt Ölberg, welcher ist nahe bei Jerusalem und liegt einen Sabbatweg davon.

13 Und als sie hineinkamen, stiegen sie auf den Söller, da denn sich aufhielten Petrus und Jakobus, Johannes und Andreas, Philippus und Thomas, Bartholomäus und Matthäus, Jakobus, des Alphäus Sohn, und Simon Zelotes und Judas, des Jakobus Sohn.

14 Diese alle waren stets beieinander einmütig mit Beten und Flehen samt den Weibern und Maria, der Mutter Jesus, und seinen Brüdern.

15 Und in den Tagen trat auf Petrus unter die Jünger und sprach (es war aber eine Schar zuhauf bei hundertundzwanzig Namen):

16 Ihr Männer und Brüder, es mußte die Schrift erfüllet werden, welche zuvor gesagt hat der Heilige Geist durch den Mund Davids von Judas, der ein Führer war derer, die Jesus fingen;

17 denn er war zu uns gezählt und hatte dies Amt mit uns überkommen.

18 Dieser hat erworben den Acker um den ungerechten Lohn und ist abgestürzt und mitten entzweigeborsten, und all sein Eingeweide ausgeschüttet.

19 Und es ist kund geworden allen, die zu Jerusalem wohnen, also daß dieser Acker genannt wird auf ihrer Sprache: Hakeldama (das ist: ein Blutacker).

20 Denn es steht geschrieben im Psalmbuch: "Seine Behausung müsse wüst werden, und sei niemand, der darin wohne", und: "Sein Bistum empfange ein anderer."

21 So muß nun einer unter diesen Männern, die bei uns gewesen sind die ganze Zeit über, welche der HERR Jesus unter uns ist aus und ein gegangen,

22 von der Taufe des Johannes an bis auf den Tag, da er von uns genommen ist, ein Zeuge seiner Auferstehung mit uns werden.

23 Und sie stellten zwei, Joseph, genannt Barsabas, mit dem Zunahmen Just, und Matthias,

24 beteten und sprachen: HERR, aller Herzen Kündiger, zeige an, welchen du erwählt hast unter diesen zweien,

25 daß einer empfange diesen Dienst und Apostelamt, davon Judas abgewichen ist, daß er hinginge an seinen Ort.

26 Und sie warfen das Los über sie, und das Los fiel auf Matthias; und er ward zugeordnet zu den elf Aposteln.

2. Kapitel

*Ausgießung des heiligen Geistes.
Sprachenabgabe. Des Petrus Predigt von
Jesu. Die Gemeinde zu Jerusalem.*

1 Und als der Tag der Pfingsten erfüllt war, waren sie alle einmütig beieinander.

2 Und es geschah schnell ein Brausen vom Himmel wie eines gewaltigen Windes und erfüllte das ganze Haus, da sie saßen.

3 Und es erschienen ihnen Zungen, zerteilt, wie von Feuer; und er setzte sich auf einen jeglichen unter ihnen;

4 und sie wurden alle voll des Heiligen Geistes und fingen an, zu predigen mit anderen Zungen, nach dem der Geist ihnen gab auszusprechen.

5 Es waren aber Juden zu Jerusalem wohnend, die waren gottesfürchtige Männer aus allerlei Volk, das unter dem Himmel ist.

6 Da nun diese Stimme geschah, kam die Menge zusammen und wurden bestürzt; denn es hörte ein jeglicher, daß sie mit seiner Sprache redeten.

7 Sie entsetzten sich aber alle, verwunderten sich und sprachen untereinander: Siehe, sind nicht diese alle, die da reden, aus Galiläa?

8 Wie hören wir denn ein jeglicher seine Sprache, darin wir geboren sind?

9 Parther und Meder und Elamiter, und die wir wohnen in Mesopotamien und in Judäa und Kappadozien, Pontus und Asien,

10 Phrygien und Pamphylien, Ägypten und an den Enden von Lybien bei Kyrene und Ausländer von Rom,

11 Juden und Judengenossen, Kreter und Araber: wir hören sie mit unsern Zungen

die großen Taten Gottes reden.

12 Sie entsetzten sich aber alle und wurden irre und sprachen einer zu dem andern: Was will das werden?

13 Die andern aber hatten's ihren Spott und sprachen: Sie sind voll süßen Weins.

14 Da trat Petrus auf mit den Elfen, erhob seine Stimme und redete zu ihnen: Ihr Juden, liebe Männer, und alle, die ihr zu Jerusalem wohnet, das sei euch kundgetan, und lasset meine Worte zu euren Ohren eingehen.

15 Denn diese sind nicht trunken, wie ihr wähnet, sintemal es ist die dritte Stunde am Tage;

16 sondern das ist's, was durch den Propheten Joel zuvor gesagt ist:

17 "Und es soll geschehen in den letzten Tagen, spricht Gott, ich will ausgießen von meinem Geist auf alles Fleisch; und eure Söhne und eure Töchter sollen weissagen, und eure Jünglinge sollen Gesichte sehen, und eure Ältesten sollen Träume haben;

18 und auf meine Knechte und auf meine Mägde will ich in denselben Tagen von

meinem Geist ausgießen, und sie sollen weissagen.

19 Und ich will Wunder tun oben im Himmel und Zeichen unten auf Erden: Blut und Feuer und Rauchdampf;

20 die Sonne soll sich verkehren in Finsternis und der Mond in Blut, ehe denn der große und offenbare Tag des HERRN kommt.

21 Und soll geschehen, wer den Namen des HERRN anrufen wird, der soll selig werden."

22 Ihr Männer von Israel, höret diese Worte: Jesum von Nazareth, den Mann, von Gott unter euch mit Taten und Wundern und Zeichen erwiesen, welche Gott durch ihn tat unter euch (wie denn auch ihr selbst wisset),

23 denselben (nachdem er aus bedachtem Rat und Vorsehung Gottes übergeben war) habt ihr genommen durch die Hände der Ungerechten und ihn angeheftet und erwürgt.

24 Den hat Gott auferweckt, und aufgelöst die Schmerzen des Todes, wie es denn unmöglich war, daß er sollte von ihm gehalten werden.

25 Denn David spricht von ihm: "Ich habe den HERRN allezeit vorgesetzt vor mein Angesicht; denn er ist an meiner Rechten, auf daß ich nicht bewegt werde.

26 Darum ist mein Herz fröhlich, und meine Zunge freuet sich; denn auch mein Fleisch wird ruhen in der Hoffnung.

27 Denn du wirst meine Seele nicht dem Tode lassen, auch nicht zugeben, daß dein Heiliger die Verwesung sehe.

28 Du hast mir kundgetan die Wege des Lebens; du wirst mich erfüllen mit Freuden vor deinem Angesicht."

29 Ihr Männer, liebe Brüder, lasset mich frei reden zu euch von dem Erzvater David. Er ist gestorben und begraben, und sein Grab ist bei uns bis auf diesen Tag.

30 Da er nun ein Prophet war und wußte, daß ihm Gott verheißen hatte mit einem Eide, daß die Frucht seiner Lenden sollte auf seinem Stuhl sitzen,

31 hat er's zuvor gesehen und geredet von der Auferstehung Christi, daß seine Seele nicht dem Tode gelassen ist und sein Fleisch die Verwesung nicht gesehen hat.

32 Diesen Jesus hat Gott auferweckt; des sind wir alle Zeugen.

33 Nun er durch die Rechte Gottes erhöht ist und empfangen hat die Verheißung des Heiligen Geistes vom Vater, hat er ausgegossen dies, das ihr sehet und höret.

34 Denn David ist nicht gen Himmel gefahren. Er spricht aber: "Der HERR hat gesagt zu meinem HERRN: Setze dich zu meiner Rechten,

35 bis daß ich deine Feinde lege zum Schemel deiner Füße."

36 So wisse nun das ganze Haus Israel gewiß, daß Gott diesen Jesus, den ihr gekreuzigt habt, zu einem HERRN und Christus gemacht hat.

37 Da sie aber das hörten, ging's ihnen durchs Herz, und fragten Petrus und die andern Apostel: Ihr Männer, was sollen wir tun?

38 Petrus sprach zu ihnen: Tut Buße und lasse sich ein jeglicher taufen auf den Namen Jesu Christi zur Vergebung der Sünden, so werdet ihr empfangen die Gabe des Heiligen Geistes.

39 Denn euer und eurer Kinder ist diese Verheißung und aller, die ferne sind, welche Gott, unser HERR, herzurufen wird.

40 Auch mit vielen anderen Worten bezeugte und ermahnte er: Lasset euch erretten aus diesem verkehrten Geschlecht!

41 Die nun sein Wort gern annahmen, ließen sich taufen; und wurden hinzugetan an dem Tage bei dreitausend Seelen.

42 Sie blieben aber beständig in der Apostel Lehre und in der Gemeinschaft und im Brotbrechen und im Gebet.

43 Es kam auch alle Seelen Furcht an, und geschahen viel Wunder und Zeichen durch die Apostel.

44 Alle aber, die gläubig waren geworden, waren beieinander und hielten alle Dinge gemein.

45 Ihre Güter und Habe verkauften sie und teilten sie aus unter alle, nach dem jedermann not war.

46 Und sie waren täglich und stets beieinander einmütig im Tempel und brachen das Brot hin und her in Häusern,

47 nahmen die Speise und lobten Gott mit Freuden und einfältigem Herzen und hatten Gnade beim ganzen Volk. Der HERR aber tat hinzu täglich, die da selig wurden, zu der Gemeinde.

3. Kapitel

Wunder an einem Lahmen und Zeugnis des Petrus von Jesu Christo zur Buße.

1 Petrus aber und Johannes gingen miteinander hinauf in den Tempel um die neunte Stunde, da man pflegt zu beten.

2 Und es war ein Mann, lahm von Mutterleibe, der ließ sich tragen; und sie setzten ihn täglich vor des Tempels Tür, die da heißt "die schöne", daß er bettelte das Almosen von denen, die in den Tempel gingen.

3 Da er nun sah Petrus und Johannes, daß sie wollten zum Tempel hineingehen, bat er um ein Almosen.

4 Petrus aber sah ihn an mit Johannes und sprach: Sieh uns an!

5 Und er sah sie an, wartete, daß er etwas von ihnen empfinge.

6 Petrus aber sprach: Gold und Silber habe ich nicht; was ich aber habe, das gebe ich dir: Im Namen Jesu Christi von Nazareth stehe auf und wandle!

7 Und griff ihn bei der rechten Hand und richtete ihn auf. Alsobald standen seine Schenkel und Knöchel fest;

8 sprang auf, konnte gehen und stehen und ging mit ihnen in den Tempel, wandelte und sprang und lobte Gott.

9 Und es sah ihn alles Volk wandeln und Gott loben.

10 Sie kannten ihn auch, daß er's war, der um Almosen gesessen hatte vor der schönen Tür des Tempels; und sie wurden voll Wunderns und Entsetzens über das, was ihm widerfahren war.

11 Als aber dieser Lahme, der nun gesund war, sich zu Petrus und Johannes hielt, lief alles Volk zu ihnen in die Halle, die da heißt Salomos, und wunderten sich.

12 Als Petrus das sah, antwortete er dem Volk: Ihr Männer von Israel, was wundert ihr euch darüber, oder was sehet ihr auf

uns, als hätten wir diesen wandeln gemacht durch unsere eigene Kraft oder Verdienst?

13 Der Gott Abrahams und Isaaks und Jakobs, der Gott unserer Väter, hat seinen Knecht Jesus verklärt, welchen ihr überantwortet und verleugnet habt vor Pilatus, da der urteilte, ihn loszulassen.

14 Ihr aber verleugnet den Heiligen und Gerechten und batet, daß man euch den Mörder schenkte;

15 aber den Fürsten des Lebens habt ihr getötet. Den hat Gott auferweckt von den Toten; des sind wir Zeugen.

16 Und durch den Glauben an seinen Namen hat diesen, den ihr sehet und kennet, sein Name stark gemacht; und der Glaube durch ihn hat diesem gegeben diese Gesundheit vor euren Augen.

17 Nun, liebe Brüder, ich weiß, daß ihr's durch Unwissenheit getan habt wie auch eure Obersten.

18 Gott aber, was er durch den Mund aller seiner Propheten zuvor verkündigt hat, wie Christus leiden sollte, hat's also erfüllet.

19 So tut nun Buße und bekehrt euch, daß eure Sünden vertilgt werden;

20 auf daß da komme die Zeit der Erquickung von dem Angesichte des HERRN, wenn er senden wird den, der euch jetzt zuvor gepredigt wird, Jesus Christus,

21 welcher muß den Himmel einnehmen bis auf die Zeit, da herwiedergebracht werde alles, was Gott geredet hat durch den Mund aller seiner heiligen Propheten von der Welt an.

22 Denn Moses hat gesagt zu den Vätern: "Einen Propheten wird euch der HERR, euer Gott, erwecken aus euren Brüdern gleich wie mich; den sollt ihr hören in allem, was er zu euch sagen wird.

23 Und es wird geschehen, welche Seele denselben Propheten nicht hören wird, die soll vertilgt werden aus dem Volk."

24 Und alle Propheten von Samuel an und hernach, wieviel ihrer geredet haben, die haben von diesen Tagen verkündigt.

25 Ihr seid der Propheten und des Bundes Kinder, welchen Gott gemacht hat mit euren Vätern, da er sprach zu Abraham: "Durch deinen Samen sollen gesegnet werden alle Völker auf Erden."

26 Euch zuvörderst hat Gott auferweckt seinen Knecht Jesus und hat ihn zu euch gesandt, euch zu segnen, daß ein jeglicher sich bekehre von seiner Bosheit.

4. Kapitel

*Des Petrus und Johannes Gefängnis.
Bekenntnis vor dem Hohen Rat
und ihre Loslassung. Gebet der Gläubigen;
ihre innige Gemeinschaft.*

1 Als sie aber zum Volk redeten, traten zu ihnen die Priester und der Hauptmann des Tempels und die Sadduzäer

2 (sie verdroß, daß sie das Volk lehrten und verkündigten an Jesu die Auferstehung von den Toten)

3 und legten die Hände an sie und setzten sie ein bis auf morgen; denn es war jetzt Abend.

4 Aber viele unter denen, die dem Wort zuhörten, wurden gläubig; und ward die Zahl der Männer bei fünftausend.

5 Als es nun kam auf den Morgen, versammelten sich ihre Obersten und Ältesten und Schriftgelehrten gen Jerusalem,

6 Hannas, der Hohepriester, und Kaiphas und Johannes und Alexander und wie viel ihrer waren vom Hohenpriester-geschlecht;

7 und stellten sie vor sich und fragten sie: Aus welcher Gewalt oder in welchem Namen habt ihr das getan?

8 Petrus, voll des Heiligen Geistes, sprach zu ihnen: Ihr Obersten des Volkes und ihr Ältesten von Israel,

9 so wir heute werden gerichtet über dieser Wohltat an dem kranken Menschen, durch welche er ist geheilt worden,

10 so sei euch und allem Volk von Israel kundgetan, daß in dem Namen Jesu Christi von Nazareth, welchen ihr gekreuzigt habt, den Gott von den Toten auferweckt hat, steht dieser allhier vor euch gesund.

11 Das ist der Stein, von euch Bauleuten verworfen, der zum Eckstein geworden ist.

12 Und ist in keinem andern - Heil, ist auch kein andrer Name unter dem Himmel den Menschen gegeben, darin wir sollen selig werden.

13 Sie sahen aber an die Freudigkeit des Petrus und Johannes und verwunderten sich; denn sie waren gewiß, daß es ungelehrte Leute und Laien waren, kannten sie auch wohl, daß sie mit Jesu gewesen waren.

14 Sie sahen aber den Menschen, der geheilt worden war, bei ihnen stehen und hatten nichts dawider zu reden.

15 Da hießen sie sie hinausgehen aus dem Rat und handelten miteinander und sprachen:

16 Was wollen wir diesen Menschen tun? Denn das offenbare Zeichen, durch sie geschehen, ist allen kund, die zu Jerusalem wohnen, und wir können's nicht leugnen.

17 Aber auf daß es nicht weiter einreiße unter das Volk, lasset uns ernstlich sie

bedrohen, daß sie hinfort keinem Menschen von diesem Namen sagen.

18 Und sie riefen sie und geboten ihnen, daß sie sich allerdinge nicht hören ließen noch lehrten in dem Namen Jesu.

19 Petrus aber und Johannes antworteten und sprachen zu ihnen: Richtet ihr selbst, ob es vor Gott recht sei, daß wir euch mehr gehorchen denn Gott.

20 Wir können's ja nicht lassen, daß wir nicht reden sollten, was wir gesehen und gehört haben.

21 Aber sie drohten ihnen und ließen sie gehen und fanden nicht, wie sie sie peinigten, um des Volkes willen; denn sie lobten alle Gott über das, was geschehen war.

22 Denn der Mensch war über vierzig Jahre alt, an welchem dies Zeichen der Gesundheit geschehen war.

23 Und als man sie hatte gehen lassen, kamen sie zu den Ihren und verkündigten ihnen, was die Hohenpriester und Ältesten zu ihnen gesagt hatten.

24 Da sie das hörten, hoben sie ihre Stimme auf einmütig zu Gott und sprachen: HERR, der du bist der Gott, der

Himmel und Erde und das Meer und alles, was darinnen ist, gemacht hat;

25 der du durch den Mund Davids, deines Knechtes, gesagt hast: "Warum empören sich die Heiden, und die Völker nehmen vor, was umsonst ist?

26 Die Könige der Erde treten zusammen, und die Fürsten versammeln sich zuhauf wider den HERRN und wider seinen Christus":

27 wahrlich ja, sie haben sich versammelt über deinen heiligen Knecht Jesus, welchen du gesalbt hast, Herodes und Pontius Pilatus mit den Heiden und dem Volk Israel,

28 zu tun, was deine Hand und dein Rat zuvor bedacht hat, daß es geschehen sollte.

29 Und nun, HERR, siehe an ihr Drohen und gib deinen Knechten, mit aller Freudigkeit zu reden dein Wort,

30 und strecke deine Hand aus, daß Gesundheit und Zeichen und Wunder geschehen durch den Namen deines heiligen Knechtes Jesus.

31 Und da sie gebetet hatten, bewegte sich die Stätte, da sie versammelt waren;

und sie wurden alle voll des Heiligen Geistes und redeten das Wort Gottes mit Freudigkeit.

32 Die Menge aber der Gläubigen war ein Herz und eine Seele; auch keiner sagte von seinen Gütern, daß sie sein wären, sondern es war ihnen alles gemein.

33 Und mit großer Kraft gaben die Apostel Zeugnis von der Auferstehung des HERRN Jesu, und war große Gnade bei ihnen allen.

34 Es war auch keiner unter ihnen, der Mangel hatte; denn wie viel ihrer waren, die da Äcker oder Häuser hatten, die verkauften sie und brachten das Geld des verkauften Guts

35 und legten es zu der Apostel Füßen; und man gab einem jeglichen, was ihm not war.

36 Joses aber, mit dem Zunamen Barnabas (das heißt: ein Sohn des Trostes), von Geschlecht ein Levit aus Zypern,

37 der hatte einen Acker und verkaufte ihn und brachte das Geld und legte es zu der Apostel Füßen.

5. Kapitel

Ananias und Saphira.
Der Apostel Gefängnis und Errettung.

1 Ein Mann aber, mit Namen Ananias samt seinem Weibe Saphira verkaufte sein Gut

2 und entwandte etwas vom Gelde mit Wissen seines Weibes und brachte einen Teil und legte ihn zu der Apostel Füßen.

3 Petrus aber sprach: Ananias, warum hat der Satan dein Herz erfüllt, daß du dem heiligen Geist lögest und entwendetest etwas vom Gelde des Ackers?

4 Hättest du ihn doch wohl mögen behalten, da du ihn hattest; und da er verkauft war, war es auch in deiner Gewalt. Warum hast du denn solches in deinem Herzen vorgenommen? Du hast nicht Menschen, sondern Gott gelogen.

5 Da Ananias aber diese Worte hörte, fiel er nieder und gab den Geist auf. Und es kam eine große Furcht über alle, die dies hörten.

6 Es standen aber die Jünglinge auf und taten ihn beiseite und trugen ihn hinaus und begruben ihn.

7 Und es begab sich über eine Weile, bei drei Stunden, daß sein Weib hineinkam und wußte nicht, was geschehen war.

8 Aber Petrus antwortete ihr: Sage mir: Habt ihr den Acker so teuer verkauft? Sie sprach: Ja, so teuer.

9 Petrus aber sprach zu ihr: Warum seid ihr denn eins geworden, zu versuchen den Geist des HERRN? Siehe, die Füße derer, die deinen Mann begraben haben, sind vor der Tür und werden dich hinaustragen.

10 Und alsbald fiel sie zu seinen Füßen und gab den Geist auf. Da kamen die Jünglinge und fanden sie tot, trugen sie hinaus und begruben sie neben ihren Mann.

11 Und es kam eine große Furcht über die ganze Gemeinde und über alle, die solches hörten.

12 Es geschahen aber viel Zeichen und Wunder im Volk durch der Apostel

Hände; und sie waren alle in der Halle Salomos einmütig.

13 Der andern aber wagte keiner, sich zu ihnen zu tun, sondern das Volk hielt groß von ihnen.

14 Es wurden aber immer mehr hinzugetan, die da glaubten an den HERRN, eine Menge Männer und Weiber,

15 also daß sie die Kranken auf die Gassen heraustrugen und legten sie auf Betten und Bahren, auf daß, wenn Petrus käme, sein Schatten ihrer etliche überschattete.

16 Es kamen auch herzu viele von den umliegenden Städten gen Jerusalem und brachten die Kranken und die von unsauberen Geistern gepeinigt waren; und wurden alle gesund.

17 Es stand aber auf der Hohepriester und alle, die mit ihm waren, welches ist die Sekte der Sadduzäer, und wurden voll Eifers

18 und legten die Hände an die Apostel und warfen sie in das gemeine Gefängnis.

19 Aber der Engel des HERRN tat in der Nacht die Türen des Gefängnisses auf

und führte sie heraus und sprach:

20 Gehet hin und tretet auf und redet im Tempel zum Volk alle Worte dieses Lebens.

21 Da sie das gehört hatten, gingen sie früh in den Tempel und lehrten. Der Hohepriester aber kam und die mit ihm waren und riefen zusammen den Rat und alle Ältesten der Kinder Israel und sandten hin zum Gefängnis, sie zu holen.

22 Die Diener aber kamen hin und fanden sie nicht im Gefängnis, kamen wieder und verkündigten

23 und sprachen: Das Gefängnis fanden wir verschlossen mit allem Fleiß und die Hüter außen stehen vor den Türen; aber da wir auftaten, fanden wir niemand darin.

24 Da diese Rede hörten der Hohenpriester und der Hauptmann des Tempels und andere Hohepriester, wurden sie darüber betreten, was doch das werden wollte.

25 Da kam einer, der verkündigte ihnen: Siehe, die Männer, die ihr ins Gefängnis geworfen habt, sind im Tempel, stehen und lehren das Volk.

26 Da ging hin der Hauptmann mit den Dienern und holten sie, nicht mit Gewalt; denn sie fürchteten sich vor dem Volk, daß sie gesteinigt würden.

27 Und als sie sie brachten, stellten sie sie vor den Rat. Und der Hohepriester fragte sie

28 und sprach: Haben wir euch nicht mit Ernst geboten, daß ihr nicht solltet lehren in diesem Namen? Und sehet, ihr habt Jerusalem erfüllt mit eurer Lehre und wollt dieses Menschen Blut über uns führen.

29 Petrus aber antwortete und die Apostel und sprachen: Man muß Gott mehr gehorchen denn den Menschen.

30 Der Gott unserer Väter hat Jesus auferweckt, welchen ihr erwürgt habt und an das Holz gehängt.

31 Den hat Gott durch seine rechte Hand erhöht zu einem Fürsten und Heiland, zu geben Israel Buße und Vergebung der Sünden.

32 Und wir sind seine Zeugen über diese Worte und der Heilige Geist, welchen Gott gegeben hat denen, die ihm gehorchen.

33 Da sie das hörten, ging's ihnen durchs Herz, und dachten, sie zu töten.

34 Da stand aber auf im Rat ein Pharisäer mit Namen Gamaliel, ein Schriftgelehrter, in Ehren gehalten vor allem Volk, und hieß die Apostel ein wenig hinaustun

35 und sprach zu ihnen: Ihr Männer von Israel, nehmet euer selbst wahr an diesen Menschen, was ihr tun sollt.

36 Vor diesen Tagen stand auf Theudas und gab vor, er wäre etwas, und hingen an ihm eine Zahl Männer, bei vierhundert; der ist erschlagen, und alle, die ihm zufielen, sind zerstreut und zunichte geworden.

37 Darnach stand auf Judas aus Galiläa in den Tagen der Schätzung und machte viel Volks abfällig ihm nach; und der ist auch umgekommen, und alle, die ihm zufielen sind zerstreut.

38 Und nun sage ich euch: Lasset ab von diesen Menschen und lasset sie fahren! Ist der Rat oder das Werk aus den Menschen, so wird's untergehen;

39 ist's aber aus Gott, so könnet ihr's nicht dämpfen; auf daß ihr nicht erfunden werdet als die wider Gott streiten wollen.

40 Da fielen sie ihm zu und riefen die Apostel, stäupten sie und geboten ihnen, sie sollten nicht Reden in dem Namen Jesu, und ließen sie gehen.

41 Sie gingen aber fröhlich von des Rats Angesicht, daß sie würdig gewesen waren, um seines Namens willen Schmach zu leiden,

42 und hörten nicht auf, alle Tage im Tempel und hin und her in Häusern zu lehren und zu predigen das Evangelium von Jesu Christo.

6. Kapitel

Sieben Almosenpfleger. Wachstum der Gemeinde. Anklage des Stephanus.

1 In den Tagen aber, da der Jünger viele wurden, erhob sich ein Murmeln unter den Griechen wider die Hebräer, darum daß ihre Witwen übersehen wurden in der täglichen Handreichung.

2 Da riefen die Zwölf die Menge der Jünger zusammen und sprachen: Es taugt

nicht, daß wir das Wort Gottes unterlassen und zu Tische dienen.

3 Darum, ihr lieben Brüder, sehet unter euch nach sieben Männern, die ein gut Gerücht haben und voll heiligen Geistes und Weisheit sind, welche wir bestellen mögen zu dieser Notdurft.

4 Wir aber wollen anhalten am Gebet und am Amt des Wortes.

5 Und die Rede gefiel der ganzen Menge wohl; und sie erwählten Stephanus, einen Mann voll Glaubens und heiligen Geistes, und Philippus und Prochorus und Nikanor und Timon und Parmenas und Nikolaus, den Judengenossen von Antiochien.

6 Diese stellten sie vor die Apostel und beteten und legten die Hände auf sie.

7 Und das Wort Gottes nahm zu, und die Zahl der Jünger ward sehr groß zu Jerusalem. Es wurden auch viele Priester dem Glauben gehorsam.

8 Stephanus aber, voll Glaubens und Kräfte, tat Wunder und große Zeichen unter dem Volk.

9 Da standen etliche auf von der Schule, die da heißt der Libertiner und der

Kyrener und der Alexanderer, und derer, die aus Zilizien und Asien waren, und befragten sich mit Stephanus.

10 Und sie vermochten nicht, zu widerstehen der Weisheit und dem Geiste, aus welchem er redete.

11 Da richteten sie zu etliche Männer, die sprachen: Wir haben ihn gehört Lästerworte reden wider Mose und wider Gott.

12 Und sie bewegten das Volk und die Ältesten und die Schriftgelehrten und traten herzu und rissen ihn hin und führten ihn vor den Rat

13 und stellten falsche Zeugen dar, die sprachen: Dieser Mensch hört nicht auf, zu reden Lästerworte wider diese heilige Stätte und das Gesetz.

14 Denn wir haben ihn hören sagen: Jesus von Nazareth wird diese Stätte zerstören und ändern die Sitten, die uns Mose gegeben hat.

15 Und sie sahen auf ihn alle, die im Rat saßen, und sahen sein Angesicht wie eines Engels Angesicht.

7. Kapitel

Des ersten Märtyrers Stephanus Predigt,
Entzückung und Tod.

1 Da sprach der Hohepriester: Ist dem also?

2 Er aber sprach: Liebe Brüder und Väter, höret zu. Der Gott der Herrlichkeit erschien unserm Vater Abraham, da er noch in Mesopotamien war, ehe er wohnte in Haran,

3 und sprach zu ihm: Gehe aus deinem Lande und von deiner Freundschaft und zieh in ein Land, das ich dir zeigen will.

4 Da ging er aus der Chaldäer Lande und wohnte in Haran. Und von dort, da sein Vater gestorben war, brachte er ihn herüber in dies Land, darin ihr nun wohnet,

5 und gab ihm kein Erbteil darin, auch nicht einen Fuß breit, und verhieß ihm, er wollte es geben ihm zu besitzen und seinem Samen nach ihm, da er noch kein Kind hatte.

6 Aber Gott sprach also: Dein Same wird ein Fremdling sein in einem fremden

Lande, und sie werden ihn dienstbar machen und übel behandeln vierhundert Jahre;

7 und das Volk, dem sie dienen werden, will ich richten, sprach Gott; und darnach werden sie ausziehen und mir dienen an dieser Stätte.

8 Und gab ihm den Bund der Beschneidung. Und er zeugte Isaak und beschnitt ihn am achten Tage, und Isaak den Jakob, und Jakob die zwölf Erzväter.

9 Und die Erzväter neideten Joseph und verkauften ihn nach Ägypten; aber Gott war mit ihm

10 und errettete ihn aus aller seiner Trübsal und gab ihm Gnade und Weisheit vor Pharao, dem König in Ägypten; der setzte ihn zum Fürsten über Ägypten über sein ganzes Haus.

11 Es kam aber eine teure Zeit über das ganze Land Ägypten und Kanaan und große Trübsal, und unsere Väter fanden nicht Nahrung.

12 Jakob aber hörte, daß in Ägypten Getreide wäre, und sandte unsere Väter aus aufs erstemal.

13 Und zum andernmal ward Joseph erkannt von seinen Brüdern, und ward dem Pharao Josephs Geschlecht offenbar.

14 Joseph aber sandte aus und ließ holen seinen Vater Jakob und seine ganze Freundschaft, fünfundsiebzig Seelen.

15 Und Jakob zog hinab nach Ägypten und starb, er und unsere Väter.

16 Und sie sind herübergebracht nach Sichem und gelegt in das Grab, das Abraham gekauft hatte ums Geld von den Kindern Hemor zu Sichem.

17 Da nun die Zeit der Verheißung nahte, die Gott Abraham geschworen hatte, wuchs das Volk und mehrte sich in Ägypten,

18 bis daß ein anderer König aufkam, der nichts wußte von Joseph.

19 Dieser trieb Hinterlist mit unserm Geschlecht und behandelte unsre Väter übel und schaffte, daß man die jungen Kindlein aussetzen mußte, daß sie nicht lebendig blieben.

20 Zu der Zeit war Moses geboren, und war ein feines Kind vor Gott und ward

drei Monate ernährt in seines Vaters Hause.

21 Als er aber ausgesetzt ward, nahm ihn die Tochter Pharaos auf und zog ihn auf, ihr selbst zu einem Sohn.

22 Und Moses ward gelehrt in aller Weisheit der Ägypter und war mächtig in Werken und Worten.

23 Da er aber vierzig Jahre alt ward, gedachte er zu sehen nach seinen Brüdern, den Kindern von Israel.

24 Und sah einen Unrecht leiden; da stand er bei und rächte den, dem Leid geschah, und erschlug den Ägypter.

25 Er meinte aber, seine Brüder sollten's verstehen, daß Gott durch seine Hand ihnen Heil gäbe; aber sie verstanden's nicht.

26 Und am andern Tage kam er zu ihnen, da sie miteinander haderten, und handelte mit ihnen, daß sie Frieden hätten, und sprach: Liebe Männer, ihr seid Brüder, warum tut einer dem andern Unrecht?

27 Der aber seinem Nächsten Unrecht tat, stieß ihn von sich und sprach: Wer hat

dich über uns gesetzt zum Obersten und Richter?

28 Willst du mich auch töten, wie du gestern den Ägypter getötet hast?

29 Mose aber floh wegen dieser Rede und ward ein Fremdling im Lande Midian; daselbst zeugte er zwei Söhne.

30 Und über vierzig Jahre erschien ihm in der Wüste an dem Berge Sinai der Engel des HERRN in einer Feuerflamme im Busch.

31 Da es aber Mose sah, wunderte er sich des Gesichtes. Als er aber hinzuging zu schauen, geschah die Stimme des HERRN zu ihm:

32 Ich bin der Gott deiner Väter, der Gott Abrahams und der Gott Isaaks und der Gott Jakobs. Mose aber ward zitternd und wagte nicht anzuschauen.

33 Aber der HERR sprach zu ihm: Zieh die Schuhe aus von deinen Füßen; denn die Stätte, da du stehest, ist heilig Land!

34 Ich habe wohl gesehen das Leiden meines Volkes, das in Ägypten ist, und habe ihr Seufzen gehört und bin herabgekommen, sie zu erretten. Und

nun komm her, ich will dich nach Ägypten senden.

35 Diesen Mose, welchen sie verleugneten, da sie sprachen: Wer hat dich zum Obersten und Richter gesetzt? den sandte Gott zu einem Obersten und Erlöser durch die Hand des Engels, der ihm erschien im Busch.

36 Dieser führte sie aus und tat Wunder und Zeichen in Ägypten, im Roten Meer und in der Wüste vierzig Jahre.

37 Dies ist der Mose, der zu den Kindern Israel gesagt hat: "Einen Propheten wird euch der HERR, euer Gott, erwecken aus euren Brüdern gleichwie mich; den sollt ihr hören."

38 Dieser ist's, der in der Gemeinde in der Wüste mit dem Engel war, der ihm redete auf dem Berge Sinai und mit unsern Vätern; dieser empfing lebendige Worte, uns zu geben;

39 welchem nicht wollten gehorsam werden eure Väter, sondern stießen ihn von sich und wandten sich um mit ihren Herzen nach Ägypten

40 und sprachen zu Aaron: Mache uns Götter, die vor uns hin gehen; denn wir

wissen nicht, was diesem Mose, der uns aus dem Lande Ägypten geführt hat, widerfahren ist.

41 Und sie machten ein Kalb zu der Zeit und brachten dem Götzen Opfer und freuten sich der Werke ihrer Hände.

42 Aber Gott wandte sich und gab sie dahin, das sie dienten des Himmels Heer; wie denn geschrieben steht in dem Buch der Propheten: "Habt ihr vom Hause Israel die vierzig Jahre in der Wüste mir auch je Opfer und Vieh geopfert?

43 Und ihr nahmet die Hütte Molochs an und das Gestirn eures Gottes Remphan, die Bilder, die ihr gemacht hattet, sie anzubeten. Und ich will euch wegwerfen jenseit Babylon."

44 Es hatten unsre Väter die Hütte des Zeugnisses in der Wüste, wie ihnen das verordnet hatte, der zu Mose redete, daß er sie machen sollte nach dem Vorbilde, das er gesehen hatte;

45 welche unsre Väter auch annahmen und mit Josua in das Land brachten, das die Heiden innehatten, welche Gott ausstieß vor dem Angesicht unsrer Väter bis zur Zeit Davids.

46 Der fand Gnade bei Gott und bat, daß er eine Wohnung finden möchte für den Gott Jakobs.

47 Salomo aber baute ihm ein Haus.

48 Aber der Allerhöchste wohnt nicht in Tempeln, die mit Händen gemacht sind, wie der Prophet spricht:

49 Der Himmel ist mein Stuhl und die Erde meiner Füße Schemel; was wollt ihr mir denn für ein Haus bauen? spricht der HERR, oder welches ist die Stätte meiner Ruhe?

50 Hat nicht meine Hand das alles gemacht?"

51 Ihr Halsstarrigen und Unbeschnittenen an Herzen und Ohren, ihr widerstrebt allezeit dem Heiligen Geist, wie eure Väter also auch ihr.

52 Welchen Propheten haben eure Väter nicht verfolgt? Und sie haben getötet, die da zuvor verkündigten die Zukunft dieses Gerechten, dessen Verräter und Mörder ihr nun geworden seid.

53 Ihr habt das Gesetz empfangen durch der Engel Geschäfte, und habt's nicht gehalten.

54 Da sie solches hörten, ging's ihnen durchs Herz, und sie bissen die Zähne zusammen über ihn.

55 Wie er aber voll heiligen Geistes war, sah er auf gen Himmel und sah die Herrlichkeit Gottes und Jesum stehen zur Rechten Gottes

56 und sprach: Siehe, ich sehe den Himmel offen und des Menschen Sohn zur Rechten Gottes stehen.

57 Sie schrieen aber laut und hielten ihre Ohren zu und stürmten einmütig auf ihn ein, stießen ihn zur Stadt hinaus und steinigten ihn.

58 Und die Zeugen legten ihre Kleider ab zu den Füßen eines Jünglings, der hieß Saulus,

59 und steinigten Stephanus, der anrief und sprach: HERR Jesu, nimm meinen Geist auf!

60 Er kniete aber nieder und schrie laut: HERR, behalte ihnen diese Sünde nicht! Und als er das gesagt, entschlief er.

8. Kapitel

*Saulus verfolgt die Christen. Philippus
predigt in Samaria. Simon der Zauberer.
Bekehrung des Kämmerers aus Mohrenland.*

1 Saulus aber hatte Wohlgefallen an
seinem Tode. Es erhob sich aber zu der
Zeit eine große Verfolgung über die
Gemeinde zu Jerusalem; und sie
zerstreuten sich alle in die Länder Judäa
und Samarien, außer den Aposteln.

2 Es bestatteten aber Stephanus
gottesfürchtige Männer und hielten eine
große Klage über ihn.

3 Saulus aber verstörte die Gemeinde,
ging hin und her in die Häuser und zog
hervor Männer und Weiber und
überantwortete sie ins Gefängnis.

4 Die nun zerstreut waren, gingen um
und predigten das Wort.

5 Philippus aber kam hinab in eine Stadt
in Samarien und predigte ihnen von
Christo.

6 Das Volk aber hörte einmütig und
fleißig zu, was Philippus sagte, und sah
die Zeichen, die er tat.

7 Denn die unsauberen Geister fuhren aus vielen Besessenen mit großem Geschrei; auch viele Gichtbrüchige und Lahme wurden gesund gemacht.

8 Und es ward eine große Freude in derselben Stadt.

9 Es war aber ein Mann, mit Namen Simon, der zuvor in der Stadt Zauberei trieb und bezauberte das samaritische Volk und gab vor, er wäre etwas Großes.

10 Und sie sahen alle auf ihn, beide, klein und groß, und sprachen: Der ist die Kraft Gottes, die da groß ist.

11 Sie sahen aber darum auf ihn, daß er sie lange Zeit mit seiner Zauberei bezaubert hatte.

12 Da sie aber den Predigten des Philippus glaubten vom Reich Gottes und von dem Namen Jesu Christi, ließen sich taufen Männer und Weiber.

13 Da ward auch Simon gläubig und ließ sich taufen und hielt sich zu Philippus. Und als er sah die Zeichen und Taten, die da geschahen, verwunderte er sich.

14 Da aber die Apostel hörten zu Jerusalem, daß Samarien das Wort Gottes angenommen hatte, sandten sie zu ihnen

Petrus und Johannes,

15 welche, da sie hinabkamen, beteten sie über sie, daß sie den Heiligen Geist empfingen.

16 (Denn er war noch auf keinen gefallen, sondern sie waren allein getauft auf den Namen Christi Jesu.)

17 Da legten sie die Hände auf sie, und sie empfingen den Heiligen Geist.

18 Da aber Simon sah, daß der Heilige Geist gegeben ward, wenn die Apostel die Hände auflegten, bot er ihnen Geld an

19 und sprach: Gebt mir auch die Macht, daß, so ich jemand die Hände auflege, derselbe den Heiligen Geist empfange.

20 Petrus aber sprach zu ihm: Daß du verdammt werdest mit deinem Gelde, darum daß du meinst, Gottes Gabe werde durch Geld erlangt!

21 Du wirst weder Teil noch Anfall haben an diesem Wort; denn dein Herz ist nicht rechtschaffen vor Gott.

22 Darum tue Buße für diese deine Bosheit und bitte Gott, ob dir vergeben werden möchte die Tücke deines Herzens.

23 Denn ich sehe, du bist voll bitterer Galle und verknüpft mit Ungerechtigkeit.

24 Da antwortete Simon und sprach: Bittet ihr den HERRN für mich, daß der keines über mich komme, davon ihr gesagt habt.

25 Sie aber, da sie bezeugt und geredet hatten das Wort des HERRN, wandten sich wieder um gen Jerusalem und predigten das Evangelium vielen samaritischen Flecken.

26 Aber der Engel des HERRN redete zu Philippus und sprach: Stehe auf und gehe gegen Mittag auf die Straße, die von Jerusalem geht hinab gen Gaza, die da wüst ist.

27 Und er stand auf und ging hin. Und siehe, ein Mann aus Mohrenland, ein Kämmerer und Gewaltiger der Königin Kandaze in Mohrenland, welcher war über ihre ganze Schatzkammer, der war gekommen gen Jerusalem, anzubeten,

28 und zog wieder heim und saß auf seinem Wagen und las den Propheten Jesaja.

29 Der Geist aber sprach zu Philippus: Gehe hinzu und halte dich zu diesem Wagen!

30 Da lief Philippus hinzu und hörte, daß er den Propheten Jesaja las, und sprach: Verstehst du auch, was du liesest?

31 Er aber sprach: Wie kann ich, so mich nicht jemand anleitet? Und ermahnte Philippus, daß er aufträte und setzte sich zu ihm.

32 Der Inhalt aber der Schrift, die er las, war dieser: "Er ist wie ein Schaf zur Schlachtung geführt; und still wie ein Lamm vor seinem Scherer, also hat er nicht aufgetan seinen Mund.

33 In seiner Niedrigkeit ist sein Gericht aufgehoben. Wer wird aber seines Lebens Länge ausreden? denn sein Leben ist von der Erde weggenommen."

34 Da antwortete der Kämmerer dem Philippus und sprach: Ich bitte dich, von wem redet der Prophet solches? von sich selber oder von jemand anders?

35 Philippus aber tat seinen Mund auf und fing von dieser Schrift an und predigte ihm das Evangelium von Jesu.

36 Und als sie zogen der Straße nach, kamen sie an ein Wasser. Und der Kämmerer sprach: Siehe, da ist Wasser; was hindert's, daß ich mich taufen lasse?

37 Philippus aber sprach: Glaubst du von ganzem Herzen, so mag's wohl sein. Er antwortete und sprach: Ich glaube, daß Jesus Christus Gottes Sohn ist.

38 Und er hieß den Wagen halten, und stiegen hinab in das Wasser beide, Philippus und der Kämmerer, und er taufte ihn.

39 Da sie aber heraufstiegen aus dem Wasser, rückte der Geist des HERRN Philippus hinweg, und der Kämmerer sah ihn nicht mehr; er zog aber seine Straße fröhlich.

40 Philippus aber ward gefunden zu Asdod und wandelte umher und predigte allen Städten das Evangelium, bis daß er kam gen Cäsarea.

9. Kapitel

*Des Saulus Bekehrung und erste
Erfahrungen in Damaskus und Jerusalem.
Petrus macht den Äneas gesund
und erweckt die Tabea vom Tode.*

1 Saulus aber schnaubte noch mit Drohen und Morden wider die Jünger des HERRN und ging zum Hohenpriester

2 und bat ihn um Briefe gen Damaskus an die Schulen, auf daß, so er etliche dieses Weges fände, Männer und Weiber, er sie gebunden führte gen Jerusalem.

3 Und da er auf dem Wege war und nahe an Damaskus kam, umleuchtete ihn plötzlich ein Licht vom Himmel;

4 und er fiel auf die Erde und hörte eine Stimme, die sprach zu ihm: Saul, Saul, was verfolgst du mich?

5 Er aber sprach: HERR, wer bist du? Der HERR sprach: Ich bin Jesus, den du verfolgst. Es wird dir schwer werden, wider den Stachel zu lecken.

6 Und er sprach mit Zittern und Zagen: HERR, was willst du, daß ich tun soll? Der

HERR sprach zu ihm: Stehe auf und gehe in die Stadt; da wird man dir sagen, was du tun sollst.

7 Die Männer aber, die seine Gefährten waren, standen und waren erstarrt; denn sie hörten die Stimme, und sahen niemand.

8 Saulus aber richtete sich auf von der Erde; und als er seine Augen auftat, sah er niemand. Sie nahmen ihn bei der Hand und führten ihn gen Damaskus;

9 und er war drei Tage nicht sehend und aß nicht und trank nicht.

10 Es war aber ein Jünger zu Damaskus mit Namen Ananias; zu dem sprach der HERR im Gesicht: Ananias! Und er sprach: Hier bin ich, HERR.

11 Der HERR sprach zu ihm: Stehe auf und gehe in die Gasse, die da heißt "die gerade", und frage im Hause des Judas nach einem namens Saul von Tarsus; denn siehe, er betet,

12 und hat gesehen im Gesicht einen Mann mit Namen Ananias zu ihm hineinkommen und die Hand auf ihn legen, daß er wieder sehend werde.

13 Ananias aber antwortete: HERR, ich habe von vielen gehört von diesem Manne, wieviel Übles er deinen Heiligen getan hat zu Jerusalem;

14 und er hat allhier Macht von den Hohenpriestern, zu binden alle, die deinen Namen anrufen.

15 Der HERR sprach zu ihm: Gehe hin; denn dieser ist mir ein auserwähltes Rüstzeug, daß er meinen Namen trage vor den Heiden und vor den Königen und vor den Kindern von Israel.

16 Ich will ihm zeigen wieviel er leiden muß um meines Namens willen.

17 Und Ananias ging hin und kam in das Haus und legte die Hände auf ihn und sprach: Lieber Bruder Saul, der HERR hat mich gesandt (der dir erschienen ist auf dem Wege, da du her kamst), daß du wieder sehend und mit dem heiligen Geist erfüllt werdest.

18 Und alsobald fiel es von seinen Augen wie Schuppen, und er ward wieder sehend

19 und stand auf, ließ sich taufen und nahm Speise zu sich und stärkte sich.

Saulus aber war eine Zeitlang bei den Jüngern zu Damaskus.

20 Und alsbald predigte er Christus in den Schulen, daß derselbe Gottes Sohn sei.

21 Sie entsetzten sich aber alle, die es hörten, und sprachen: Ist das nicht, der zu Jerusalem verstörte alle, die diesen Namen anrufen, und darum hergekommen, daß er sie gebunden führe zu den Hohenpriestern?

22 Saulus aber ward immer kräftiger und trieb die Juden in die Enge, die zu Damaskus wohnten, und bewährte es, daß dieser ist der Christus.

23 Und nach vielen Tagen hielten die Juden einen Rat zusammen, daß sie ihn töteten.

24 Aber es ward Saulus kundgetan, daß sie ihm nachstellten. Sie hüteten aber Tag und Nacht an den Toren, daß sie ihn töteten.

25 Da nahmen ihn die Jünger bei der Nacht und taten ihn durch die Mauer und ließen ihn in einem Korbe hinab.

26 Da aber Saulus gen Jerusalem kam, versuchte er, sich zu den Jüngern zu tun;

und sie fürchteten sich alle vor ihm und glaubten nicht, daß er ein Jünger wäre.

27 Barnabas aber nahm ihn zu sich und führte ihn zu den Aposteln und erzählte ihnen, wie er auf der Straße den HERRN gesehen und er mit ihm geredet und wie er zu Damaskus den Namen Jesus frei gepredigt hätte.

28 Und er war bei ihnen und ging aus und ein zu Jerusalem und predigte den Namen des HERRN Jesu frei.

29 Er redete auch und befragte sich mit den Griechen; aber sie stellten ihm nach, daß sie ihn töteten.

30 Da das die Brüder erfuhren, geleiteten sie ihn gen Cäsarea und schickten ihn gen Tarsus.

31 So hatte nun die ganze Gemeinde Frieden durch ganz Judäa und Galiläa und Samarien und baute sich und wandelte in der Furcht des HERRN und ward erfüllt mit Trost des Heiligen Geistes.

32 Es geschah aber, da Petrus durchzog allenthalben, daß er auch zu den Heiligen kam, die zu Lydda wohnten.

33 Daselbst fand er einen Mann mit Namen Äneas, acht Jahre lang auf dem Bette gelegen, der war gichtbrüchig.

34 Und Petrus sprach zu ihm: Äneas, Jesus Christus macht dich gesund; stehe auf und bette dir selber! Und alsobald stand er auf.

35 Und es sahen ihn alle, die zu Lydda und in Saron wohnten; die bekehrten sich zu dem HERRN.

36 Zu Joppe aber war eine Jüngerin mit Namen Tabea (welches verdolmetscht heißt: Rehe), die war voll guter Werke und Almosen, die sie tat.

37 Es begab sich aber zu der Zeit, daß sie krank ward und starb. Da wuschen sie dieselbe und legten sie auf den Söller.

38 Nun aber Lydda nahe bei Joppe ist, da die Jünger hörten, daß Petrus daselbst war, sandten sie zwei Männer zu ihm und ermahnten ihn, daß er sich's nicht ließe verdrießen, zu ihnen zu kommen.

39 Petrus aber stand auf und kam mit ihnen. Und als er hingekommen war, führten sie ihn hinauf auf den Söller, und traten um ihn alle Witwen, weinten und zeigten ihm die Röcke und Kleider,

welche die Rehe machte, als sie noch bei ihnen war.

40 Und da Petrus sie alle hinausgetrieben hatte, kniete er nieder, betete und wandte sich zu dem Leichnam und sprach: Tabea, stehe auf! Und sie tat ihre Augen auf; und da sie Petrus sah, setzte sie sich wieder.

41 Er aber gab ihr die Hand und richtete sie auf und rief die Heiligen und die Witwen und stellte sie lebendig dar.

42 Und es ward kund durch ganz Joppe, und viele wurden gläubig an den HERRN.

43 Und es geschah, daß er lange Zeit zu Joppe blieb bei einem Simon, der ein Gerber war.

10. Kapitel

*Kornelius und sein Haus
von Petrus bekehrt und getauft.*

1 Es war aber ein Mann zu Cäsarea, mit Namen Kornelius, ein Hauptmann von der Schar, die da heißt die italische,

2 gottselig und gottesfürchtig samt

seinem ganzen Hause, und gab dem Volk viel Almosen und betete immer zu Gott.

3 Der sah in einem Gesicht offenbarlich um die neunte Stunde am Tage einen Engel Gottes zu sich eingehen, der sprach zu ihm: Kornelius!

4 Er aber sah ihn an, erschrak und sprach: HERR, was ist's? Er aber sprach zu ihm: Deine Gebete und deine Almosen sind hinaufgekommen ins Gedächtnis vor Gott.

5 Und nun sende Männer gen Joppe und laß fordern Simon, mit dem Zunamen Petrus,

6 welcher ist zur Herberge bei einem Gerber Simon, des Haus am Meer liegt; der wird dir sagen, was du tun sollst.

7 Und da der Engel, der mit Kornelius redete, hinweggegangen war, rief er zwei seiner Hausknechte und einen gottesfürchtigen Kriegsknecht von denen, die ihm aufwarteten,

8 und erzählte es ihnen alles und sandte sie gen Joppe.

9 Des anderen Tages, da diese auf dem Wege waren, und nahe zur Stadt kamen,

stieg Petrus hinauf auf den Söller, zu beten, um die sechste Stunde.

10 Und als er hungrig ward, wollte er essen. Da sie ihm aber zubereiteten, ward er entzückt

11 und sah den Himmel aufgetan und herniederfahren zu ihm ein Gefäß wie ein großes leinenes Tuch, an vier Zipfeln gebunden, und es ward niedergelassen auf die Erde.

12 Darin waren allerlei vierfüßige Tiere der Erde und wilde Tiere und Gewürm und Vögel des Himmels.

13 Und es geschah eine Stimme zu ihm: Stehe auf, Petrus, schlachte und iß!

14 Petrus aber sprach: O nein, HERR; denn ich habe noch nie etwas Gemeines oder Unreines gegessen.

15 Und die Stimme sprach zum andernmal zu ihm: Was Gott gereinigt hat, das mache du nicht gemein.

16 Und das geschah zu drei Malen; und das Gefäß ward wieder aufgenommen gen Himmel.

17 Als aber Petrus sich in sich selbst bekümmerte, was das Gesicht wäre, das er gesehen hatte, siehe, da fragten die

Männer, von Kornelius gesandt, nach dem Hause Simons und standen an der Tür,

18 riefen und forschten, ob Simon, mit dem Zunamen Petrus, allda zur Herberge wäre.

19 Indem aber Petrus nachsann über das Gesicht, sprach der Geist zu ihm: Siehe, drei Männer suchen dich;

20 aber stehe auf, steig hinab und zieh mit ihnen und zweifle nicht; denn ich habe sie gesandt.

21 Da stieg Petrus hinab zu den Männern, die von Kornelius zu ihm gesandt waren, und sprach: Siehe, ich bin's, den ihr sucht; was ist die Sache, darum ihr hier seid?

22 Sie aber sprachen: Kornelius, der Hauptmann, ein frommer und gottesfürchtiger Mann und gutes Gerüchts bei dem ganzen Volk der Juden, hat Befehl empfangen von einem heiligen Engel, daß er dich sollte fordern lassen in sein Haus und Worte von dir hören.

23 Da rief er sie hinein und beherbergte sie. Des anderen Tages zog Petrus aus

mit ihnen, und etliche Brüder von Joppe gingen mit ihm.

24 Und des andern Tages kamen sie gen Cäsarea. Kornelius aber wartete auf sie und hatte zusammengerufen seine Verwandten und Freunde.

25 Und als Petrus hineinkam, ging ihm Kornelius entgegen und fiel zu seinen Füßen und betete ihn an.

26 Petrus aber richtete ihn auf und sprach: Stehe auf, ich bin auch ein Mensch.

27 Und als er sich mit ihm besprochen hatte, ging er hinein und fand ihrer viele, die zusammengekommen waren.

28 Und er sprach zu ihnen: Ihr wisset, wie es ein unerlaubtes Ding ist einem jüdischen Mann, sich zu tun oder zu kommen zu einem Fremdling; aber Gott hat mir gezeigt, keinen Menschen gemein oder unrein zu heißen.

29 Darum habe ich mich nicht geweigert zu kommen, als ich ward hergefordert. So frage ich euch nun, warum ihr mich habt lassen fordern?

30 Kornelius sprach: Ich habe vier Tage gefastet, bis an diese Stunde, und um die

neunte Stunde betete ich in meinem Hause. Und siehe, da stand ein Mann vor mir in einem hellen Kleid

31 und sprach: Kornelius, dein Gebet ist erhört, und deiner Almosen ist gedacht worden vor Gott.

32 So sende nun gen Joppe und laß herrufen einen Simon, mit dem Zunamen Petrus, welcher ist zur Herberge in dem Hause des Gerbers Simon an dem Meer; der wird, wenn er kommt, mit dir reden.

33 Da sandte ich von Stund an zu dir; und du hast wohl getan, daß du gekommen bist. Nun sind wir alle hier gegenwärtig vor Gott, zu hören alles, was dir von Gott befohlen ist.

34 Petrus aber tat seinen Mund auf und sprach: Nun erfahr ich mit der Wahrheit, daß Gott die Person nicht ansieht;

35 sondern in allerlei Volk, wer ihn fürchtet und recht tut, der ist ihm angenehm.

36 Ihr wißt wohl von der Predigt, die Gott zu den Kindern Israel gesandt hat, und daß er hat den Frieden verkündigen lassen durch Jesum Christum (welcher ist ein HERR über alles),

37 die durchs ganze jüdische Land geschehen ist und angegangen in Galiläa nach der Taufe, die Johannes predigte:

38 wie Gott diesen Jesus von Nazareth gesalbt hat mit dem heiligen Geist und Kraft; der umhergezogen ist und hat wohlgetan und gesund gemacht alle, die vom Teufel überwältigt waren; denn Gott war mit ihm.

39 Und wir sind Zeugen alles des, das er getan hat im jüdischen Lande und zu Jerusalem. Den haben sie getötet und an ein Holz gehängt.

40 Den hat Gott auferweckt am dritten Tage und ihn lassen offenbar werden,

41 nicht allem Volk, sondern uns, den vorerwählten Zeugen von Gott, die wir mit ihm gegessen und getrunken haben, nachdem er auferstanden war von den Toten.

42 Und hat uns geboten, zu predigen dem Volk und zu zeugen, daß er ist verordnet von Gott zum Richter der Lebendigen und der Toten.

43 Von diesem zeugen alle Propheten, daß durch seinen Namen alle, die an ihn

glauben, Vergebung der Sünden empfangen sollen.

44 Da Petrus noch diese Worte redete, fiel der heilige Geist auf alle, die dem Wort zuhörten.

45 Und die Gläubigen aus den Juden, die mit Petrus gekommen waren, entsetzten sich, daß auch auf die Heiden die Gabe des heiligen Geistes ausgegossen ward;

46 denn sie hörten, daß sie mit Zungen redeten und Gott hoch priesen. Da antwortete Petrus:

47 Mag auch jemand das Wasser wehren, daß diese nicht getauft werden, die den heiligen Geist empfangen haben gleichwie auch wir?

48 Und befahl, sie zu taufen in dem Namen des HERRN. Da baten sie ihn, daß er etliche Tage dabliebe.

11. Kapitel

Petrus rechtfertigt seinen Umgang mit Heiden. Ausbreitung des Evangeliums nach Antiochien. Christenname. Fürsorge für die Christen in Judäa wegen einer Teuerung.

1 Es kam aber vor die Apostel und Brüder, die in dem jüdischen Lande waren, daß auch die Heiden hätten Gottes Wort angenommen.

2 Und da Petrus hinaufkam gen Jerusalem, zankten mit ihm, die aus den Juden waren,

3 und sprachen: Du bist eingegangen zu den Männern, die unbeschnitten sind, und hast mit ihnen gegessen.

4 Petrus aber hob an und erzählte es ihnen nacheinander her und sprach:

5 Ich war in der Stadt Joppe im Gebete und war entzückt und sah ein Gesicht, nämlich ein Gefäß herniederfahren, wie ein großes leinenes Tuch mit vier Zipfeln, und niedergelassen vom Himmel, das kam bis zu mir.

6 Darein sah ich und ward gewahr und sah vierfüßige Tiere der Erde und wilde

Tiere und Gewürm und Vögel des Himmels.

7 Ich hörte aber eine Stimme, die sprach zu mir: Stehe auf, Petrus, schlachte und iß!

8 Ich aber sprach: O nein, HERR; denn es ist nie etwas Gemeines oder Unreines in meinen Mund gegangen.

9 Aber die Stimme antwortete mir zum andernmal vom Himmel: Was Gott gereinigt hat, das mache du nicht gemein.

10 Das geschah aber dreimal; und alles ward wieder hinauf gen Himmel gezogen.

11 Und siehe von Stund an standen drei Männer vor dem Hause, darin ich war, gesandt von Cäsarea zu mir.

12 Der Geist aber sprach zu mir, ich sollte mit ihnen gehen und nicht zweifeln. Es kamen aber mit mir diese sechs Brüder, und wir gingen in des Mannes Haus.

13 Und er verkündigte uns, wie er gesehen hätte einen Engel in seinem Hause stehen, der zu ihm gesprochen hätte: Sende Männer gen Joppe und laß

fordern den Simon, mit dem Zunamen Petrus;

14 der wird dir Worte sagen, dadurch du selig werdest und dein ganzes Haus.

15 Indem aber ich anfing zu reden, fiel der heilige Geist auf sie gleichwie auf uns am ersten Anfang.

16 Da dachte ich an das Wort des HERRN, als er sagte: "Johannes hat mit Wasser getauft; ihr aber sollt mit dem heiligen Geist getauft werden."

17 So nun Gott ihnen die gleiche Gabe gegeben hat wie auch uns, die da glauben an den HERRN Jesus Christus: wer war ich, daß ich konnte Gott wehren?

18 Da sie das hörten schwiegen sie still und lobten Gott und sprachen: So hat Gott auch den Heiden Buße gegeben zum Leben!

19 Die aber zerstreut waren in der Trübsal, so sich über Stephanus erhob, gingen umher bis gen Phönizien und Zypern und Antiochien und redeten das Wort zu niemand denn allein zu den Juden.

20 Es waren aber etliche unter ihnen, Männer von Zypern und Kyrene, die

kamen gen Antiochien und redeten auch zu den Griechen und predigten das Evangelium vom HERRN Jesus.

21 Und die Hand des HERRN war mit ihnen, und eine große Zahl ward gläubig und bekehrte sich zu dem HERRN.

22 Es kam aber diese Rede von ihnen vor die Ohren der Gemeinde zu Jerusalem; und sie sandten Barnabas, daß er hinginge bis gen Antiochien.

23 Dieser, da er hingekommen war und sah die Gnade Gottes, ward er froh und ermahnte sie alle, daß sie mit festem Herzen an dem HERRN bleiben wollten.

24 Denn er war ein frommer Mann, voll heiligen Geistes und Glaubens. Und es ward ein großes Volk dem HERRN zugetan.

25 Barnabas aber zog aus gen Tarsus, Saulus wieder zu suchen;

26 und da er ihn fand, führte er ihn gen Antiochien. Und sie blieben bei der Gemeinde ein ganzes Jahr und lehrten viel Volks; daher die Jünger am ersten zu Antiochien Christen genannt wurden.

27 In diesen Tagen kamen Propheten von Jerusalem gen Antiochien.

28 Und einer unter ihnen mit Namen Agabus stand auf und deutete durch den Geist eine große Teuerung, die da kommen sollte über den ganzen Kreis der Erde; welche geschah unter dem Kaiser Klaudius.

29 Aber unter den Jüngern beschloß ein jeglicher, nach dem er vermochte, zu senden eine Handreichung den Brüdern, die in Judäa wohnten;

30 wie sie denn auch taten, und schickten's zu den Ältesten durch die Hand Barnabas und Saulus.

12. Kapitel

*Des Jakobus Tod. Des Petrus Befreiung.
Des Herodes Untergang.*

1 Um diese Zeit legte der König Herodes die Hände an etliche von der Gemeinde, sie zu peinigen.

2 Er tötete aber Jakobus, den Bruder des Johannes, mit dem Schwert.

3 Und da er sah, daß es den Juden gefiel, fuhr er fort und fing Petrus auch. Es waren

aber eben die Tage der süßen Brote.

4 Da er ihn nun griff, legte er ihn ins Gefängnis und überantwortete ihn vier Rotten, je von vier Kriegsknechten, ihn zu bewahren, und gedachte, ihn nach Ostern dem Volk vorzustellen.

5 Und Petrus ward zwar im Gefängnis gehalten; aber die Gemeinde betete ohne Aufhören für ihn zu Gott.

6 Und da ihn Herodes wollte vorstellen, in derselben Nacht schlief Petrus zwischen zwei Kriegsknechten, gebunden mit zwei Ketten, und die Hüter vor der Tür hüteten das Gefängnis.

7 Und siehe, der Engel des HERRN kam daher, und ein Licht schien in dem Gemach; und er schlug Petrus an die Seite und weckte ihn und sprach: Stehe behende auf! Und die Ketten fielen ihm von seinen Händen.

8 Und der Engel sprach zu ihm: Gürte dich und tu deine Schuhe an! Und er tat also. Und er sprach zu ihm: Wirf deinen Mantel um dich und folge mir nach!

9 Und er ging hinaus und folgte ihm und wußte nicht, daß ihm wahrhaftig solches

geschähe durch den Engel; sondern es deuchte ihn, er sähe ein Gesicht.

10 Sie gingen aber durch die erste und andere Hut und kamen zu der eisernen Tür, welche zur Stadt führt; die tat sich ihnen von selber auf. Und sie traten hinaus und gingen hin eine Gasse lang; und alsobald schied der Engel von ihm.

11 Und da Petrus zu sich selber kam, sprach er: Nun weiß ich wahrhaftig, daß der HERR seinen Engel gesandt hat und mich errettet aus der Hand des Herodes und von allen Warten des jüdischen Volkes.

12 Und als er sich besann, kam er vor das Haus Marias, der Mutter des Johannes, der mit dem Zunamen Markus hieß, da viele beieinander waren und beteten.

13 Als aber Petrus an die Tür des Tores klopfte, trat hervor eine Magd, zu horchen, mit Namen Rhode.

14 Und als sie des Petrus Stimme erkannte, tat sie das Tor nicht auf vor Freuden, lief aber hinein und verkündigte es ihnen, Petrus stünde vor dem Tor.

15 Sie aber sprachen zu ihr: Du bist unsinnig. Sie aber bestand darauf, es wäre also. Sie sprachen: Es ist sein Engel.

16 Petrus klopfte weiter an. Da sie aber auftaten, sahen sie ihn und entsetzten sich.

17 Er aber winkte ihnen mit der Hand, zu schweigen, und erzählte ihnen, wie ihn der HERR hatte aus dem Gefängnis geführt, und sprach: Verkündiget dies Jakobus und den Brüdern. Und ging hinaus und zog an einen andern Ort.

18 Da es aber Tag ward, war eine nicht kleine Bekümmernis unter den Kriegsknechten, wie es doch mit Petrus gegangen wäre.

19 Herodes aber, da er ihn forderte und nicht fand, ließ die Hüter verhören und hieß sie wegführen; und zog von Judäa hinab gen Cäsarea und hielt allda sein Wesen.

20 Denn er gedachte, wider die von Tyrus und Sidon zu kriegen. Sie aber kamen einmütig zu ihm und überredeten des Königs Kämmerer, Blastus, und baten um Frieden, darum daß ihre Lande sich nähren mußten von des Königs Land.

21 Aber auf einen bestimmten Tag tat Herodes das königliche Kleid an, setzte sich auf den Richtstuhl und tat eine Rede zu ihnen.

22 Das Volk aber rief zu: Das ist Gottes Stimme und nicht eines Menschen!

23 Alsbald schlug ihn der Engel des HERRN, darum daß er die Ehre nicht Gott gab; und ward gefressen von den Würmern und gab den Geist auf.

24 Das Wort Gottes aber wuchs und mehrte sich.

25 Barnabas aber und Saulus kehrten wieder von Jerusalem, nachdem sie überantwortet hatten die Handreichung, und nahmen mit sich Johannes, mit dem Zunamen Markus.

13. Kapitel

Erste Reise des Paulus zu den Heiden.
Er predigt das Evangelium auf Zypern
und zu Antiochien in Pisidien
mit verschiedenem Erfolg.

1 Es waren aber zu Antiochien in der Gemeinde Propheten und Lehrer, nämlich Barnabas und Simon, genannt Niger, und Luzius von Kyrene und Manahen, der mit Herodes dem Vierfürsten erzogen war, und Saulus.

2 Da sie aber dem HERRN dienten und fasteten, sprach der heilige Geist: Sondert mir aus Barnabas und Saulus zu dem Werk, dazu ich sie berufen habe.

3 Da fasteten sie und beteten und legten die Hände auf sie und ließen sie gehen.

4 Diese nun, wie sie ausgesandt waren vom heiligen Geist, kamen sie gen Seleucia, und von da schifften sie gen Zypern.

5 Und da sie in die Stadt Salamis kamen, verkündigten sie das Wort Gottes in der Juden Schulen; sie hatten aber auch Johannes zum Diener.

6 Und da sie die Insel durchzogen bis zu der Stadt Paphos, fanden sie einen Zauberer und falschen Propheten, einen Juden, der hieß Bar-Jesus;

7 der war bei Sergius Paulus, dem Landvogt, einem verständigen Mann. Der rief zu sich Barnabas und Saulus und begehrte, das Wort Gottes zu hören.

8 Da widerstand ihnen der Zauberer Elymas (denn also wird sein Name gedeutet) und trachtete, daß er den Landvogt vom Glauben wendete.

9 Saulus aber, der auch Paulus heißt, voll heiligen Geistes, sah ihn an

10 und sprach: O du Kind des Teufels, voll aller List und aller Schalkheit, und Feind aller Gerechtigkeit, du hörst nicht auf, abzuwenden die rechten Wege des HERRN;

11 und nun siehe, die Hand des HERRN kommt über dich, und du sollst blind sein und die Sonne eine Zeitlang nicht sehen! Und von Stund an fiel auf ihn Dunkelheit und Finsternis, und er ging umher und suchte Handleiter.

12 Als der Landvogt die Geschichte sah,

glaubte er und verwunderte sich der Lehre des HERRN.

13 Da aber Paulus und die um ihn waren, von Paphos schifften, kamen sie gen Perge im Lande Pamphylien. Johannes aber wich von ihnen und zog wieder gen Jerusalem.

14 Sie aber zogen weiter von Perge und kamen gen Antiochien im Lande Pisidien und gingen in die Schule am Sabbattage und setzten sich.

15 Nach der Lektion aber des Gesetzes und der Propheten sandten die Obersten der Schule zu ihnen und ließen ihnen sagen: Liebe Brüder, wollt ihr etwas reden und das Volk ermahnen, so sagt an.

16 Da stand Paulus auf und winkte mit der Hand und sprach: Ihr Männer von Israel und die ihr Gott fürchtet, höret zu!

17 Der Gott dieses Volkes hat erwählt unsre Väter und erhöht das Volk, da sie Fremdlinge waren im Lande Ägypten, und mit einem hohen Arm führte er sie aus demselben.

18 Und vierzig Jahre lang duldete er ihre Weise in der Wüste,

19 und vertilgte sieben Völker in dem Lande Kanaan und teilte unter sie nach dem Los deren Lande.

20 Darnach gab er ihnen Richter vierhundert und fünfzig Jahre lang bis auf den Propheten Samuel.

21 Und von da an baten sie um einen König; und Gott gab ihnen Saul, den Sohn des Kis, einen Mann aus dem Geschlechte Benjamin, vierzig Jahre lang.

22 Und da er denselben wegtat, richtete er auf über sie David zum König, von welchem er zeugte: "Ich habe gefunden David, den Sohn Jesse's, einen Mann nach meinem Herzen, der soll tun allen meinen Willen."

23 Aus diesem Samen hat Gott, wie er verheißen hat, kommen lassen Jesum, dem Volk Israel zum Heiland;

24 wie denn Johannes zuvor dem Volk Israel predigte die Taufe der Buße, ehe denn er anfing.

25 Da aber Johannes seinen Lauf erfüllte, sprach er: "Ich bin nicht der, für den ihr mich haltet; aber siehe, er kommt nach mir, des ich nicht wert bin, daß ich ihm die Schuhe seiner Füße auflöse."

26 Ihr Männer, liebe Brüder, ihr Kinder des Geschlechts Abraham und die unter euch Gott fürchten, euch ist das Wort dieses Heils gesandt.

27 Denn die zu Jerusalem wohnen und ihre Obersten, dieweil sie diesen nicht kannten noch die Stimme der Propheten (die alle Sabbate gelesen werden), haben sie dieselben mit ihrem Urteil erfüllt.

28 Und wiewohl sie keine Ursache des Todes an ihm fanden, baten sie doch Pilatus, ihn zu töten.

29 Und als sie alles vollendet hatten, was von ihm geschrieben ist, nahmen sie ihn von dem Holz und legten ihn in ein Grab.

30 Aber Gott hat ihn auferweckt von den Toten;

31 und er ist erschienen viele Tage denen, die mit ihm hinauf von Galiläa gen Jerusalem gegangen waren, welche sind seine Zeugen an das Volk.

32 Und wir verkündigen euch die Verheißung, die zu unseren Vätern geschehen ist,

33 daß sie Gott uns, ihren Kindern, erfüllt hat in dem, daß er Jesum auferweckte; wie denn im zweiten Psalm geschrieben

steht: "Du bist mein Sohn, heute habe ich dich gezeuget."

34 Daß er ihn aber hat von den Toten auferweckt, daß er hinfort nicht soll verwesen, spricht er also: "Ich will euch die Gnade, David verheißen, treulich halten."

35 Darum spricht er auch an einem andern Ort: "Du wirst es nicht zugeben, daß dein Heiliger die Verwesung sehe."

36 Denn David, da er zu seiner Zeit gedient hatte dem Willen Gottes, ist entschlafen und zu seinen Vätern getan und hat die Verwesung gesehen.

37 Den aber Gott auferweckt hat, der hat die Verwesung nicht gesehen.

38 So sei es nun euch kund, liebe Brüder, daß euch verkündigt wird Vergebung der Sünden durch diesen und von dem allem, wovon ihr nicht konntet im Gesetz Mose's gerecht werden.

39 Wer aber an diesen glaubt, der ist gerecht.

40 Seht nun zu, daß nicht über euch komme, was in den Propheten gesagt ist:

41 "Seht, ihr Verächter, und verwundert euch und werdet zunichte! denn ich tue

ein Werk zu euren Zeiten, welches ihr nicht glauben werdet, so es euch jemand erzählen wird."

42 Da aber die Juden aus der Schule gingen, baten die Heiden, daß sie am nächsten Sabbat ihnen die Worte sagten.

43 Und als die Gemeinde der Schule voneinander ging, folgten Paulus und Barnabas nach viele Juden und gottesfürchtige Judengenossen. Sie aber sagten ihnen und ermahnten sie, daß sie bleiben sollten in der Gnade Gottes.

44 Am folgenden Sabbat aber kam zusammen fast die ganze Stadt, das Wort Gottes zu hören.

45 Da aber die Juden das Volk sahen, wurden sie voll Neides und widersprachen dem, was von Paulus gesagt ward, widersprachen und lästerten.

46 Paulus aber und Barnabas sprachen frei und öffentlich: Euch mußte zuerst das Wort Gottes gesagt werden; nun ihr es aber von euch stoßet und achtet euch selbst nicht wert des ewigen Lebens, siehe, so wenden wir uns zu den Heiden.

47 Denn also hat uns der HERR geboten:

"Ich habe dich den Heiden zum Licht gesetzt, daß du das Heil seist bis an das Ende der Erde."

48 Da es aber die Heiden hörten, wurden sie froh und priesen das Wort des HERRN und wurden gläubig, wie viele ihrer zum ewigen Leben verordnet waren.

49 Und das Wort des HERRN ward ausgebreitet durch die ganze Gegend.

50 Aber die Juden bewegten die andächtigen und ehrbaren Weiber und der Stadt Oberste und erweckten eine Verfolgung über Paulus und Barnabas und stießen sie zu ihren Grenzen hinaus.

51 Sie aber schüttelten den Staub von ihren Füßen über sie und kamen gen Ikonion.

52 Die Jünger aber wurden voll Freude und heiligen Geistes.

14. Kapitel

Wirksamkeit und Erfahrung des Paulus zu Ikonion und Lystra; Rückkehr nach Antiochien.

1 Es geschah aber zu Ikonion, daß sie zusammenkamen und predigten in der Juden Schule, also daß eine große Menge der Juden und Griechen gläubig ward.

2 Die ungläubigen Juden aber erweckten und entrüsteten die Seelen der Heiden wider die Brüder.

3 So hatten sie nun ihr Wesen daselbst eine lange Zeit und lehrten frei im HERRN, welcher bezeugte das Wort seiner Gnade und ließ Zeichen und Wunder geschehen durch ihre Hände.

4 Die Menge aber der Stadt spaltete sich; etliche hielten's mit den Juden und etliche mit den Aposteln.

5 Da sich aber ein Sturm erhob der Heiden und der Juden und ihrer Obersten, sie zu schmähen und zu steinigen,

6 wurden sie des inne und entflohen in die Städte des Landes Lykaonien, gen

Lystra und Derbe, und in die Gegend umher

7 und predigten daselbst das Evangelium.

8 Und es war ein Mann zu Lystra, der mußte sitzen; denn er hatte schwache Füße und war lahm von Mutterleibe, der noch nie gewandelt hatte.

9 Der hörte Paulus reden. Und als dieser ihn ansah und merkte, daß er glaubte, ihm möchte geholfen werden,

10 sprach er mit lauter Stimme: Stehe aufrecht auf deine Füße! Und er sprang auf und wandelte.

11 Da aber das Volk sah, was Paulus getan hatte, hoben sie ihre Stimme auf und sprachen auf lykaonisch: Die Götter sind den Menschen gleich geworden und zu uns herniedergekommen.

12 Und nannten Barnabas Jupiter und Paulus Merkurius, dieweil er das Wort führte.

13 Der Priester aber Jupiters aus dem Tempel vor ihrer Stadt brachte Ochsen und Kränze vor das Tor und wollte opfern samt dem Volk.

14 Da das die Apostel Barnabas und

Paulus hörten, zerrissen sie ihre Kleider und sprangen unter das Volk, schrieen

15 und sprachen: Ihr Männer, was macht ihr da? Wir sind auch sterbliche Menschen gleichwie ihr und predigen euch das Evangelium, daß ihr euch bekehren sollt von diesen falschen zu dem lebendigen Gott, welcher gemacht hat Himmel und Erde und das Meer und alles, was darinnen ist;

16 der in den vergangenen Zeiten hat lassen alle Heiden wandeln ihre eigenen Wege;

17 und doch hat er sich selbst nicht unbezeugt gelassen, hat uns viel Gutes getan und vom Himmel Regen und fruchtbare Zeiten gegeben, unsere Herzen erfüllt mit Speise und Freude.

18 Und da sie das sagten, stillten sie kaum das Volk, daß sie ihnen nicht opferten.

19 Es kamen aber dahin Juden von Antiochien und Ikonion und überredeten das Volk und steinigten Paulus und schleiften ihn zur Stadt hinaus, meinten, er wäre gestorben.

20 Da ihn aber die Jünger umringten,

stand er auf und ging in die Stadt. Und den andern Tag ging er aus mit Barnabas gen Derbe;

21 und sie predigten der Stadt das Evangelium und unterwiesen ihrer viele und zogen wieder gen Lystra und Ikonion und Antiochien,

22 stärkten die Seelen der Jünger und ermahnten sie, daß sie im Glauben blieben, und daß wir durch viel Trübsale müssen in das Reich Gottes gehen.

23 Und sie ordneten ihnen hin und her Älteste in den Gemeinden, beteten und fasteten und befahlen sie dem HERRN, an den sie gläubig geworden waren.

24 Und zogen durch Pisidien und kamen nach Pamphylien

25 und redeten das Wort zu Perge und zogen hinab gen Attalien.

26 Und von da schifften sie gen Antiochien, woher sie verordnet waren durch die Gnade Gottes zu dem Werk, das sie hatten ausgerichtet.

27 Da sie aber hinkamen, versammelten sie die Gemeinde und verkündigten, wieviel Gott mit ihnen getan hatte und wie

er den Heiden hätte die Tür des Glaubens aufgetan.

28 Sie hatten aber ihr Wesen allda eine nicht kleine Zeit bei den Jüngern.

15. Kapitel

Versammlung der Apostel und Schluß, den gläubigen Heiden das Joch des Gesetzes nicht aufzulegen. Zweite Missionsreise des Paulus.

1 Und etliche kamen herab von Judäa und lehrten die Brüder: Wo ihr euch nicht beschneiden lasset nach der Weise Mose's, so könnt ihr nicht selig werden.

2 Da sich nun ein Aufruhr erhob und Paulus und Barnabas einen nicht geringen Streit mit ihnen hatten, ordneten sie, daß Paulus und Barnabas und etliche andere aus ihnen hinaufzögen gen Jerusalem zu den Aposteln und Ältesten um dieser Frage willen.

3 Und sie wurden von der Gemeinde geleitet und zogen durch Phönizien und Samarien und erzählten die Bekehrung

der Heiden und machten große Freude allen Brüdern.

4 Da sie aber hinkamen gen Jerusalem, wurden sie empfangen von der Gemeinde und von den Aposteln und von den Ältesten. Und sie verkündigten, wieviel Gott mit ihnen getan hatte.

5 Da traten auf etliche von der Pharisäer Sekte, die gläubig geworden waren, und sprachen: Man muß sie beschneiden und ihnen gebieten zu halten das Gesetz Mose's.

6 Aber die Apostel und die Ältesten kamen zusammen, über diese Rede sich zu beraten.

7 Da man sich aber lange gestritten hatte, stand Petrus auf und sprach zu ihnen: Ihr Männer, liebe Brüder, ihr wisset, das Gott lange vor dieser Zeit unter uns erwählt hat, daß durch meinen Mund die Heiden das Wort des Evangeliums hörten und glaubten.

8 Und Gott, der Herzenskündiger, zeugte über sie und gab ihnen den heiligen Geist gleichwie auch uns

9 und machte keinen Unterschied zwischen uns und ihnen und reinigte ihre

Herzen durch den Glauben.

10 Was versucht ihr denn nun Gott mit Auflegen des Jochs auf der Jünger Hälse, welches weder unsre Väter noch wir haben können tragen?

11 Sondern wir glauben, durch die Gnade des HERRN Jesu Christi selig zu werden, gleicherweise wie auch sie.

12 Da schwieg die ganze Menge still und hörte zu Paulus und Barnabas, die da erzählten, wie große Zeichen und Wunder Gott durch sie getan hatte unter den Heiden.

13 Darnach, als sie geschwiegen hatten, antwortete Jakobus und sprach: Ihr Männer, liebe Brüder, höret mir zu!

14 Simon hat erzählt, wie aufs erste Gott heimgesucht hat und angenommen ein Volk aus den Heiden zu seinem Namen.

15 Und damit stimmen der Propheten Reden, wie geschrieben steht:

16 "Darnach will ich wiederkommen und will wieder bauen die Hütte Davids, die zerfallen ist, und ihre Lücken will ich wieder bauen und will sie aufrichten,

17 auf daß, was übrig ist von Menschen, nach dem HERRN frage, dazu alle Heiden,

über welche mein Name genannt ist, spricht der HERR, der das alles tut."

18 Gott sind alle seine Werke bewußt von der Welt her.

19 Darum urteile ich, daß man denen, so aus den Heiden zu Gott sich bekehren, nicht Unruhe mache,

20 sondern schreibe ihnen, daß sie sich enthalten von Unsauberkeit der Abgötter und von Hurerei und vom Erstickten und vom Blut.

21 Denn Mose hat von langen Zeiten her in allen Städten, die ihn predigen, und wird alle Sabbattage in den Schulen gelesen.

22 Und es deuchte gut die Apostel und Ältesten samt der ganzen Gemeinde, aus ihnen Männer zu erwählen und zu senden gen Antiochien mit Paulus und Barnabas, nämlich Judas, mit dem Zunamen Barsabas, und Silas, welche Männer Lehrer waren unter den Brüdern.

23 Und sie gaben Schrift in ihre Hand, also: Wir, die Apostel und Ältesten und Brüder, wünschen Heil den Brüdern aus den Heiden, die zu Antiochien und Syrien und Zilizien sind.

24 Dieweil wir gehört haben, daß etliche von den Unsern sind ausgegangen und haben euch mit Lehren irregemacht und eure Seelen zerrüttet und sagen, ihr sollt euch beschneiden lassen und das Gesetz halten, welchen wir nichts befohlen haben,

25 hat es uns gut gedeucht, einmütig versammelt, Männer zu erwählen und zu euch zu senden mit unsern liebsten Barnabas und Paulus,

26 welche Menschen ihre Seele dargegeben haben für den Namen unsers HERRN Jesu Christi.

27 So haben wir gesandt Judas und Silas, welche auch mit Worten dasselbe verkündigen werden.

28 Denn es gefällt dem heiligen Geiste und uns, euch keine Beschwerung mehr aufzulegen als nur diese nötigen Stücke:

29 daß ihr euch enthaltet vom Götzenopfer und vom Blut und vom Erstickten und von der Hurerei; so ihr euch vor diesen bewahrt, tut ihr recht. Gehabt euch wohl!

30 Da diese abgefertigt waren, kamen sie gen Antiochien und versammelten die

Menge und überantworteten den Brief.

31 Da sie den lasen, wurden sie des Trostes froh.

32 Judas aber und Silas, die auch Propheten waren, ermahnten die Brüder mit vielen Reden und stärkten sie.

33 Und da sie verzogen hatten eine Zeitlang, wurden sie von den Brüdern mit Frieden abgefertigt zu den Aposteln.

34 Es gefiel aber Silas, daß er dabliebe.

35 Paulus aber und Barnabas hatten ihr Wesen zu Antiochien, lehrten und predigten des HERRN Wort samt vielen andern.

36 Nach etlichen Tagen aber sprach Paulus zu Barnabas: Laß uns wiederum ziehen und nach unsern Brüdern sehen durch alle Städte, in welchen wir des HERRN Wort verkündigt haben, wie sie sich halten.

37 Barnabas aber gab Rat, daß sie mit sich nähmen Johannes, mit dem Zunamen Markus.

38 Paulus aber achtete es billig, daß sie nicht mit sich nähmen einen solchen, der von ihnen gewichen war in Pamphylien

und war nicht mit ihnen gezogen zu dem Werk.

39 Und sie kamen scharf aneinander, also daß sie voneinander zogen und Barnabas zu sich nahm Markus und schiffte nach Zypern.

40 Paulus aber wählte Silas und zog hin, der Gnade Gottes befohlen von den Brüdern.

41 Er zog aber durch Syrien und Zilizien und stärkte die Gemeinden.

16. Kapitel

Paulus nimmt den Timotheus zu sich, bringt das Evangelium von Asien nach Europa. Seine Erfahrungen in Philippi: Lydia und der Kerkermeister werden gläubig.

1 Er kam aber gen Derbe und Lystra; und siehe, ein Jünger war daselbst mit Namen Timotheus, eines jüdischen Weibes Sohn, die war gläubig, aber eines griechischen Vaters.

2 Der hatte ein gut Gerücht bei den

Brüdern unter den Lystranern und zu Ikonion.

3 Diesen wollte Paulus mit sich ziehen lassen und nahm und beschnitt ihn um der Juden willen, die an den Orten waren; denn sie wußten alle, daß sein Vater war ein Grieche gewesen.

4 Wie sie aber durch die Städte zogen, überantworteten sie ihnen, zu halten den Spruch, welcher von den Aposteln und den Ältesten beschlossen war.

5 Da wurden die Gemeinden im Glauben befestigt und nahmen zu an der Zahl täglich.

6 Da sie aber durch Phrygien und das Land Galatien zogen, ward ihnen gewehrt von dem heiligen Geiste, zu reden das Wort in Asien.

7 Als sie aber kamen an Mysien, versuchten sie, durch Bithynien zu reisen; und der Geist ließ es ihnen nicht zu.

8 Sie zogen aber an Mysien vorüber und kamen hinab gen Troas.

9 Und Paulus erschien ein Gesicht bei der Nacht; das war ein Mann aus Mazedonien, der stand und bat ihn und

sprach: Komm herüber nach Mazedonien und hilf uns!

10 Als er aber das Gesicht gesehen hatte, da trachteten wir alsobald, zu reisen nach Mazedonien, gewiß, daß uns der HERR dahin berufen hätte, ihnen das Evangelium zu predigen.

11 Da fuhren wir aus von Troas; und geradewegs kamen wir gen Samothrazien, des andern Tages gen Neapolis

12 und von da gen Philippi, welches ist die Hauptstadt des Landes Mazedonien und eine Freistadt. Wir hatten aber in dieser Stadt unser Wesen etliche Tage.

13 Am Tage des Sabbats gingen wir hinaus vor die Stadt an das Wasser, da man pflegte zu beten, und setzten uns und redeten zu den Weibern, die da zusammenkamen.

14 Und ein gottesfürchtiges Weib mit Namen Lydia, eine Purpurkrämerin aus der Stadt der Thyathirer, hörte zu; dieser tat der HERR das Herz auf, daß sie darauf achthatte, was von Paulus geredet ward.

15 Als sie aber und ihr Haus getauft ward, ermahnte sie uns und sprach: So ihr

mich achtet, daß ich gläubig bin an den HERRN, so kommt in mein Haus und bleibt allda. Und sie nötigte uns.

16 Es geschah aber, da wir zu dem Gebet gingen, daß eine Magd uns begegnete, die hatte einen Wahrsagergeist und trug ihren Herren viel Gewinnst zu mit Wahrsagen.

17 Die folgte allenthalben Paulus und uns nach, schrie und sprach: Diese Menschen sind die Knechte Gottes des Allerhöchsten, die euch den Weg der Seligkeit verkündigen.

18 Solches tat sie manchen Tag. Paulus aber tat das wehe, und er wandte sich um und sprach zu dem Geiste: Ich gebiete dir in dem Namen Jesu Christi, daß du von ihr ausfahrest. Und er fuhr aus zu derselben Stunde.

19 Da aber die Herren sahen, daß die Hoffnung ihres Gewinstes war ausgefahren, nahmen sie Paulus und Silas, zogen sie auf den Markt vor die Obersten

20 und führten sie zu den Hauptleuten und sprachen: Diese Menschen machen unsere Stadt irre; sie sind Juden

21 und verkündigen eine Weise, welche uns nicht ziemt anzunehmen noch zu tun, weil wir Römer sind.

22 Und das Volk ward erregt wider sie; und die Hauptleute ließen ihnen die Kleider abreißen und hießen sie stäupen.

23 Und da sie sie wohl gestäupt hatten, warfen sie sie ins Gefängnis und geboten dem Kerkermeister, daß er sie wohl verwahrte.

24 Der, da er solches Gebot empfangen hatte, warf sie in das innerste Gefängnis und legte ihre Füße in den Stock.

25 Um Mitternacht aber beteten Paulus und Silas und lobten Gott. Und es hörten sie die Gefangenen.

26 Schnell aber ward ein großes Erdbeben, also daß sich bewegten die Grundfesten des Gefängnisses. Und von Stund an wurden alle Türen aufgetan und aller Bande los.

27 Als aber der Kerkermeister aus dem Schlafe fuhr und sah die Türen des Gefängnisses aufgetan, zog er das Schwert aus und wollte sich selbst erwürgen; denn er meinte die Gefangenen wären entflohen.

28 Paulus rief aber laut und sprach: Tu dir nichts Übles; denn wir sind alle hier!

29 Er forderte aber ein Licht und sprang hinein und ward zitternd und fiel Paulus und Silas zu den Füßen

30 und führte sie heraus und sprach: Liebe Herren, was soll ich tun, daß ich selig werde?

31 Sie sprachen: Glaube an den HERRN Jesus Christus, so wirst du und dein Haus selig!

32 Und sie sagten ihm das Wort des HERRN und allen, die in seinem Hause waren.

33 Und er nahm sie zu sich in derselben Stunde der Nacht und wusch ihnen die Striemen ab; und er ließ sich taufen und alle die Seinen alsobald.

34 Und führte sie in sein Haus und setzte ihnen einen Tisch und freute sich mit seinem ganzen Hause, daß er an Gott gläubig geworden war.

35 Und da es Tag ward, sandten die Hauptleute Stadtdiener und sprachen: Laß die Menschen gehen!

36 Und der Kerkermeister verkündigte diese Rede Paulus: Die Hauptleute haben

hergesandt, daß ihr los sein sollt. Nun ziehet aus und gehet hin mit Frieden!

37 Paulus aber sprach zu ihnen: Sie haben uns ohne Recht und Urteil öffentlich gestäupt, die wir doch Römer sind, und uns ins Gefängnis geworfen, und sollten uns nun heimlich ausstoßen? Nicht also; sondern lasset sie selbst kommen und uns hinausführen!

38 Die Stadtdiener verkündigten diese Worte den Hauptleuten. Und sie fürchteten sich, da sie hörten, daß sie Römer wären,

39 und kamen und redeten ihnen zu, führten sie heraus und baten sie, daß sie auszögen aus der Stadt.

40 Da gingen sie aus dem Gefängnis und gingen zu der Lydia. Und da sie die Brüder gesehen hatten und getröstet, zogen sie aus.

17. Kapitel

Paulus lehrt zu Thessalonich,
Beröa und Athen.

1 Nachdem sie aber durch Amphipolis und Apollonia gereist waren, kamen sie gen Thessalonich; da war eine Judenschule.

2 Wie nun Paulus gewohnt war, ging er zu ihnen hinein und redete mit ihnen an drei Sabbaten aus der Schrift,

3 tat sie ihnen auf und legte es ihnen vor, daß Christus mußte leiden und auferstehen von den Toten und daß dieser Jesus, den ich (sprach er) euch verkündige, ist der Christus.

4 Und etliche unter ihnen fielen ihm zu und gesellten sich zu Paulus und Silas, auch der gottesfürchtigen Griechen eine große Menge, dazu der vornehmsten Weiber nicht wenige.

5 Aber die halsstarrigen Juden neideten und nahmen zu sich etliche boshafte Männer Pöbelvolks, machten eine Rotte und richteten einen Aufruhr in der Stadt

an und traten vor das Haus Jasons und suchten sie zu führen vor das Volk.

6 Da sie aber sie nicht fanden, schleiften sie den Jason und etliche Brüder vor die Obersten der Stadt und schrieen: Diese, die den ganzen Weltkreis erregen, sind auch hergekommen;

7 die herbergt Jason. Und diese alle handeln gegen des Kaisers Gebote, sagen, ein anderer sei der König, nämlich Jesus.

8 Sie bewegten aber das Volk und die Obersten der Stadt, die solches hörten.

9 Und da ihnen Genüge von Jason und andern geleistet war, ließen sie sie los.

10 Die Brüder aber fertigten alsobald ab bei der Nacht Paulus und Silas gen Beröa. Da sie dahin kamen, gingen sie in die Judenschule.

11 Diese aber waren edler denn die zu Thessalonich; die nahmen das Wort auf ganz willig und forschten täglich in der Schrift, ob sich's also verhielte.

12 So glaubten nun viele aus ihnen, auch der griechischen ehrbaren Weiber und Männer nicht wenige.

13 Als aber die Juden von Thessalonich erfuhren, daß auch zu Beröa das Wort Gottes von Paulus verkündigt würde, kamen sie und bewegten auch allda das Volk.

14 Aber da fertigten die Brüder Paulus alsobald ab, daß er ginge bis an das Meer; Silas aber und Timotheus blieben da.

15 Die aber Paulus geleiteten, führten ihn bis gen Athen. Und nachdem sie Befehl empfangen an den Silas und Timotheus, daß sie aufs schnellste zu ihm kämen, zogen sie hin.

16 Da aber Paulus ihrer zu Athen wartete, ergrimmte sein Geist in ihm, da er sah die Stadt so gar abgöttisch.

17 Und er redete zu den Juden und Gottesfürchtigen in der Schule, auch auf dem Markte alle Tage zu denen, die sich herzufanden.

18 Etliche aber der Epikurer und Stoiker Philosophen stritten mit ihm. Und etliche sprachen: Was will dieser Lotterbube sagen? Etliche aber: Es sieht, als wolle er neue Götter verkündigen. (Das machte,

er hatte das Evangelium von Jesu und von der Auferstehung ihnen verkündigt.)

19 Sie nahmen ihn aber und führten ihn auf den Gerichtsplatz und sprachen: Können wir auch erfahren, was das für eine neue Lehre sei, die du lehrst?

20 Denn du bringst etwas Neues vor unsere Ohren; so wollten wir gern wissen, was das sei.

21 (Die Athener aber alle, auch die Ausländer und Gäste, waren gerichtet auf nichts anderes, denn etwas Neues zu sagen oder zu hören.)

22 Paulus aber stand mitten auf dem Gerichtsplatz und sprach: Ihr Männer von Athen, ich sehe, daß ihr in allen Stücken gar sehr die Götter fürchtet.

23 Ich bin herdurchgegangen und habe gesehen eure Gottesdienste und fand einen Altar, darauf war geschrieben: Dem unbekannten Gott. Nun verkündige ich euch denselben, dem ihr unwissend Gottesdienst tut.

24 Gott, der die Welt gemacht hat und alles, was darinnen ist, er, der ein HERR ist Himmels und der Erde, wohnt nicht in Tempeln mit Händen gemacht;

25 sein wird auch nicht von Menschenhänden gepflegt, als der jemandes bedürfe, so er selber jedermann Leben und Odem allenthalben gibt.

26 Und er hat gemacht, daß von einem Blut aller Menschen Geschlechter auf dem ganzen Erdboden wohnen, und hat Ziel gesetzt und vorgesehen, wie lange und wie weit sie wohnen sollen;

27 daß sie den HERRN suchen sollten, ob sie doch ihn fühlen und finden möchten; und fürwahr, er ist nicht ferne von einem jeglichen unter uns.

28 Denn in ihm leben, weben und sind wir; wie auch etliche Poeten bei euch gesagt haben: "Wir sind seines Geschlechts."

29 So wir denn göttlichen Geschlechts sind, sollen wir nicht meinen, die Gottheit sei gleich den goldenen, silbernen und steinernen Bildern, durch menschliche Kunst und Gedanken gemacht.

30 Und zwar hat Gott die Zeit der Unwissenheit übersehen; nun aber gebietet er allen Menschen an allen Enden, Buße zu tun,

31 darum daß er einen Tag gesetzt hat, an welchem er richten will den Kreis des Erdbodens mit Gerechtigkeit durch einen Mann, in welchem er's beschlossen hat und jedermann vorhält den Glauben, nachdem er ihn hat von den Toten auferweckt.

32 Da sie hörten die Auferstehung der Toten, da hatten's etliche ihren Spott; etliche aber sprachen: Wir wollen dich davon weiter hören.

33 Also ging Paulus von ihnen.

34 Etliche Männer aber hingen ihm an und wurden gläubig, unter welchen war Dionysius, einer aus dem Rat, und ein Weib mit Namen Damaris und andere mit ihnen.

18. Kapitel

Paulus zu Korinth; kehrt über Ephesus nach Jerusalem und Aniochien zurück; tritt seine dritte Missionsreise an. Apollos zu Ephesus.

1 Darnach schied Paulus von Athen und kam gen Korinth

2 und fand einen Juden mit Namen Aquila, von Geburt aus Pontus, welcher war neulich aus Italien gekommen samt seinem Weibe Priscilla (darum daß der Kaiser Klaudius geboten hatte allen Juden, zu weichen aus Rom).

3 Zu denen ging er ein; und dieweil er gleiches Handwerks war, blieb er bei ihnen und arbeitete. (Sie waren aber des Handwerks Teppichmacher).

4 Und er lehrte in der Schule an allen Sabbaten und beredete beide, Juden und Griechen.

5 Da aber Silas und Timotheus aus Mazedonien kamen, drang Paulus der Geist, zu bezeugen den Juden Jesum, daß er der Christus sei.

6 Da sie aber widerstrebten und lästerten, schüttelte er die Kleider aus und sprach: Euer Blut sei über euer Haupt! Rein gehe ich von nun an zu den Heiden.

7 Und machte sich von dannen und kam in ein Haus eines mit Namen Just, der gottesfürchtig war; dessen Haus war zunächst an der Schule.

8 Krispus aber, der Oberste der Schule, glaubte an den HERRN mit seinem

ganzen Hause; und viele Korinther, die zuhörten, wurden gläubig und ließen sich taufen.

9 Es sprach aber der HERR durch ein Gesicht in der Nacht zu Paulus: Fürchte dich nicht, sondern rede, und schweige nicht!

10 denn ich bin mit dir, und niemand soll sich unterstehen, dir zu schaden; denn ich habe ein großes Volk in dieser Stadt.

11 Er saß aber daselbst ein Jahr und sechs Monate und lehrte das Wort Gottes.

12 Da aber Gallion Landvogt war in Achaja, empörten sich die Juden einmütig wider Paulus und führten ihn vor den Richtstuhl

13 und sprachen: Dieser überredet die Leute, Gott zu dienen dem Gesetz zuwider.

14 Da aber Paulus wollte den Mund auftun, sprach Gallion zu den Juden: Wenn es ein Frevel oder eine Schalkheit wäre, liebe Juden, so höre ich euch billig;

15 weil es aber eine Frage ist von der Lehre und von den Worten und von dem Gesetz unter euch, so seht ihr selber zu; ich denke darüber nicht Richter zu sein.

16 Und trieb sie von dem Richtstuhl.

17 Da ergriffen alle Griechen Sosthenes, den Obersten der Schule, und schlugen ihn vor dem Richtstuhl; und Gallion nahm sich's nicht an.

18 Paulus aber blieb noch lange daselbst; darnach machte er einen Abschied mit den Brüdern und wollte nach Syrien schiffen und mit ihm Priscilla und Aquila. Und er schor sein Haupt zu Kenchreä, denn er hatte ein Gelübde.

19 Und er kam gen Ephesus und ließ sie daselbst; er aber ging in die Schule und redete mit den Juden.

20 Sie baten ihn aber, daß er längere Zeit bei ihnen bliebe. Und er willigte nicht ein,

21 sondern machte seinen Abschied mit ihnen und sprach: Ich muß allerdinge das künftige Fest in Jerusalem halten; will's Gott, so will ich wieder zu euch kommen. Und fuhr weg von Ephesus

22 und kam gen Cäsarea und ging hinauf (nach Jerusalem) und grüßte die Gemeinde und zog hinab gen Antiochien.

23 Und verzog etliche Zeit und reiste weiter und durchwandelte nacheinander

das galatische Land und Phrygien und stärkte alle Jünger.

24 Es kam aber gen Ephesus ein Jude mit namen Apollos, von Geburt aus Alexandrien, ein beredter Mann und mächtig in der Schrift.

25 Dieser war unterwiesen im Weg des HERRN und redete mit brünstigem Geist und lehrte mit Fleiß von dem HERRN, wußte aber allein von der Taufe des Johannes.

26 Dieser fing an, frei zu predigen in der Schule. Da ihn aber Aquila und Priscilla hörten, nahmen sie ihn zu sich und legten ihm den Weg Gottes noch fleißiger aus.

27 Da er aber wollte nach Achaja reisen, schrieben die Brüder und vermahnten die Jünger, daß sie ihn aufnähmen. Und als er dahingekommen war, half er denen, die gläubig waren geworden durch die Gnade.

28 Denn er überwand die Juden beständig und erwies öffentlich durch die Schrift, daß Jesus Christus sei.

19. Kapitel

*Paulus in Ephesus. Aufruhr des
Goldschmieds Demetrius.*

1 Es geschah aber, da Apollos zu Korinth war, daß Paulus durchwandelte die oberen Länder und kam gen Ephesus und fand etliche Jünger;

2 zu denen sprach er: Habt ihr den heiligen Geist empfangen, da ihr gläubig wurdet? Sie sprachen zu ihm: Wir haben auch nie gehört, ob ein heiliger Geist sei.

3 Und er sprach zu ihnen: Worauf seid ihr getauft? Sie sprachen: Auf die Taufe des Johannes.

4 Paulus aber sprach: Johannes hat getauft mit der Taufe der Buße und sagte dem Volk, daß sie glauben sollten an den, der nach ihm kommen sollte, das ist an Jesum, daß der Christus sei.

5 Da sie das hörten, ließen sie sich taufen auf den Namen des HERRN Jesu.

6 Und da Paulus die Hände auf sie legte, kam der heilige Geist auf sie, und sie redeten mit Zungen und weissagten.

7 Und aller der Männer waren bei zwölf.

8 Er ging aber in die Schule und predigte frei drei Monate lang, lehrte und beredete sie vom Reich Gottes.

9 Da aber etliche verstockt waren und nicht glaubten und übel redeten von dem Wege vor der Menge, wich er von ihnen und sonderte ab die Jünger und redete täglich in der Schule eines, der hieß Tyrannus.

10 Und das geschah zwei Jahre lang, also daß alle, die in Asien wohnten, das Wort des HERRN Jesus hörten, beide, Juden und Griechen.

11 und Gott wirkte nicht geringe Taten durch die Hände Paulus,

12 also daß sie auch von seiner Haut die Schweißtüchlein und Binden über die Kranken hielten und die Seuchen von ihnen wichen und die bösen Geister von ihnen ausfuhren.

13 Es unterwanden sich aber etliche der umherziehenden Juden, die da Beschwörer waren, den namen des HERRN Jesus zu nennen über die da böse Geister hatten, und sprachen: Wir beschwören euch bei dem Jesus den Paulus predigt.

14 Es waren aber sieben Söhne eines Juden Skevas, des Hohenpriesters, die solches taten.

15 Aber der böse Geist antwortete und sprach: Jesus kenne ich wohl, und von Paulus weiß ich wohl; wer seid ihr aber?

16 Und der Mensch, in dem der böse Geist war, sprang auf sie und ward ihrer mächtig und warf sie unter sich, also daß sie nackt und verwundet aus demselben Hause entflohen.

17 Das aber ward kund allen, die zu Ephesus wohnten, sowohl Juden als Griechen; und es fiel eine Furcht über sie alle, und der Name des HERRN Jesus ward hochgelobt.

18 Es kamen auch viele derer, die gläubig waren geworden, und bekannten und verkündigten, was sie getrieben hatten.

19 Viele aber, die da vorwitzige Kunst getrieben hatten, brachten die Bücher zusammen und verbrannten sie öffentlich und überrechneten, was sie wert waren, und fanden des Geldes fünfzigtausend Groschen.

20 Also mächtig wuchs das Wort des HERRN und nahm überhand.

21 Da das ausgerichtet war, setzte sich Paulus vor im Geiste, durch Mazedonien und Achaja zu ziehen und gen Jerusalem zu reisen, und sprach: Nach dem, wenn ich daselbst gewesen bin, muß ich auch nach Rom sehen.

22 Und sandte zwei, die ihm dienten, Timotheus und Erastus, nach Mazedonien; er aber verzog eine Weile in Asien.

23 Es erhob sich aber um diese Zeit eine nicht kleine Bewegung über diesem Wege.

24 Denn einer mit Namen Demetrius, ein Goldschmied, der machte silberne Tempel der Diana und wandte denen vom Handwerk nicht geringen Gewinnst zu.

25 Dieselben und die Beiarbeiter des Handwerks versammelte er und sprach: Liebe Männer, ihr wisset, daß wir großen Gewinn von diesem Gewerbe haben;

26 und ihr sehet und höret, daß nicht allein zu Ephesus sondern auch fast in ganz Asien dieser Paulus viel Volks

abfällig macht, überredet und spricht: Es sind nicht Götter, welche von Händen gemacht sind.

27 Aber es will nicht allein unserm Handel dahin geraten, daß er nichts gelte, sondern auch der Tempel der großen Göttin Diana wird für nichts geachtet werden, und wird dazu ihre Majestät untergehen, welcher doch ganz Asien und der Weltkreis Gottesdienst erzeigt.

28 Als sie das hörten, wurden sie voll Zorns, schrieen und sprachen: Groß ist die Diana der Epheser!

29 Und die ganze Stadt war voll Getümmels; sie stürmten aber einmütig zu dem Schauplatz und ergriffen Gajus und Aristarchus aus Mazedonien, des Paulus Gefährten.

30 Da aber Paulus wollte unter das Volk gehen, ließen's ihm die Jünger nicht zu.

31 Auch etliche der Obersten in Asien, die des Paulus gute Freunde waren, sandten zu ihm und ermahnten ihn, daß er sich nicht begäbe auf den Schauplatz.

32 Etliche schrieen so, etliche ein anderes, und die Gemeinde war irre, und

die meisten wußten nicht, warum sie zusammengekommen waren.

33 Etliche vom Volk zogen Alexander hervor, da ihn die Juden hervorstießen. Alexander aber winkte mit der Hand und wollte sich vor dem Volk verantworten.

34 Da sie aber innewurden, daß er ein Jude war, erhob sich eine Stimme von allen, und schrieen bei zwei Stunden: Groß ist die Diana der Epheser!

35 Da aber der Kanzler das Volk gestillt hatte, sprach er: Ihr Männer von Ephesus, welcher Mensch ist, der nicht wisse, daß die Stadt Ephesus sei eine Pflegerin der großen Göttin Diana und des himmlischen Bildes?

36 Weil das nun unwidersprechlich ist, so sollt ihr ja stille sein und nichts Unbedächtiges handeln.

37 Ihr habt diese Menschen hergeführt, die weder Tempelräuber noch Lästerer eurer Göttin sind.

38 Hat aber Demetrius und die mit ihm sind vom Handwerk, an jemand einen Anspruch, so hält man Gericht und sind Landvögte da; lasset sie sich untereinander verklagen.

39 Wollt ihr aber etwas anderes handeln, so mag man es ausrichten in einer ordentlichen Gemeinde.

40 Denn wir stehen in der Gefahr, daß wir um diese heutige Empörung verklagt möchten werden, da doch keine Sache vorhanden ist, womit wir uns solches Aufruhrs entschuldigen könnten.

41 Und da er solches gesagt, ließ er die Gemeinde gehen.

20. Kapitel

Paulus reist wieder nach Mazedonien; erweckt den Eutychus. Sein Abschied von den Ältesten der Gemeinde zu Ephesus.

1 Da nun die Empörung aufgehört, rief Paulus die Jünger zu sich und segnete sie und ging aus, zu reisen nach Mazedonien.

2 Und da er diese Länder durchzogen und sie ermahnt hatte mit vielen Worten, kam er nach Griechenland und verzog allda drei Monate.

3 Da aber ihm die Juden nachstellten, als

er nach Syrien wollte fahren, beschloß er wieder umzuwenden durch Mazedonien.

4 Es zogen aber mit ihm bis nach Asien Sopater von Beröa, von Thessalonich aber Aristarchus und Sekundus, und Gajus von Derbe und Timotheus, aus Asien aber Tychikus und Trophimus.

5 Diese gingen voran und harrten unser zu Troas.

6 Wir aber schifften nach den Ostertagen von Philippi bis an den fünften Tag und kamen zu ihnen gen Troas und hatten da unser Wesen sieben Tage.

7 Am ersten Tage der Woche aber, da die Jünger zusammenkamen, das Brot zu brechen, predigte ihnen Paulus, und wollte des andern Tages weiterreisen und zog die Rede hin bis zu Mitternacht.

8 Und es waren viel Lampen auf dem Söller, da sie versammelt waren.

9 Es saß aber ein Jüngling mit namen Eutychus in einem Fenster und sank in tiefen Schlaf, dieweil Paulus so lange redete, und ward vom Schlaf überwältigt und fiel hinunter vom dritten Söller und ward tot aufgehoben.

10 Paulus aber ging hinab und legte sich

auf ihn, umfing ihn und sprach: Machet kein Getümmel; denn seine Seele ist in ihm.

11 Da ging er hinauf und brach das Brot und aß und redete viel mit ihnen, bis der Tag anbrach; und also zog er aus.

12 Sie brachten aber den Knaben lebendig und wurden nicht wenig getröstet.

13 Wir aber zogen voran auf dem Schiff und fuhren gen Assos und wollten daselbst Paulus zu uns nehmen; denn er hatte es also befohlen, und er wollte zu Fuße gehen.

14 Als er nun zu uns traf zu Assos, nahmen wir ihn zu uns und kamen gen Mitylene.

15 Und von da schifften wir und kamen des andern Tages hin gegen Chios; und des folgenden Tages stießen wir an Samos und blieben in Trogyllion; und des nächsten Tages kamen wir gen Milet.

16 Denn Paulus hatte beschlossen, an Ephesus vorüberzuschiffen, daß er nicht müßte in Asien Zeit zubringen; denn er eilte, auf den Pfingsttag zu Jerusalem zu sein, so es ihm möglich wäre.

17 Aber von Milet sandte er gen Ephesus und ließ fordern die Ältesten von der Gemeinde.

18 Als aber die zu ihm kamen, sprach er zu ihnen: Ihr wisset, von dem Tage an, da ich bin nach Asien gekommen, wie ich allezeit bin bei euch gewesen

19 und dem HERRN gedient habe mit aller Demut und mit viel Tränen und Anfechtung, die mir sind widerfahren von den Juden, so mir nachstellten;

20 wie ich nichts verhalten habe, das da nützlich ist, daß ich's euch nicht verkündigt hätte und euch gelehrt, öffentlich und sonderlich;

21 und habe bezeugt, beiden, den Juden und Griechen, die Buße zu Gott und den Glauben an unsern HERRN Jesus Christus.

22 Und nun siehe, ich, im Geiste gebunden, fahre hin gen Jerusalem, weiß nicht, was mir daselbst begegnen wird,

23 nur daß der heilige Geist in allen Städten bezeugt und spricht, Bande und Trübsal warten mein daselbst.

24 Aber ich achte der keines, ich halte mein Leben auch nicht selbst teuer, auf daß ich vollende meinen Lauf mit

Freuden und das Amt, das ich empfangen habe von dem HERRN Jesus, zu bezeugen das Evangelium von der Gnade Gottes.

25 Und nun siehe, ich weiß, daß ihr mein Angesicht nicht mehr sehen werdet, alle die, bei welchen ich durchgekommen bin und gepredigt habe das Reich Gottes.

26 Darum bezeuge ich euch an diesem heutigen Tage, daß ich rein bin von aller Blut;

27 denn ich habe euch nichts verhalten, daß ich nicht verkündigt hätte all den Rat Gottes.

28 So habt nun acht auf euch selbst und auf die ganze Herde, unter welche euch der heilige Geist gesetzt hat zu Bischöfen, zu weiden die Gemeinde Gottes, welche er durch sein eigen Blut erworben hat.

29 Denn das weiß ich, daß nach meinem Abschied werden unter euch kommen greuliche Wölfe, die die Herde nicht verschonen werden.

30 Auch aus euch selbst werden aufstehen Männer, die da verkehrte Lehren reden, die Jünger an sich zu ziehen.

31 Darum seid wach und denket daran,

daß ich nicht abgelassen habe drei Jahre, Tag und Nacht, einen jeglichen mit Tränen zu vermahnen.

32 Und nun, liebe Brüder, ich befehle euch Gott und dem Wort seiner Gnade, der da mächtig ist, euch zu erbauen und zu geben das Erbe unter allen, die geheiligt werden.

33 Ich habe euer keines Silber noch Gold noch Kleid begehrt.

34 Denn ihr wisset selber, daß mir diese Hände zu meiner Notdurft und derer, die mit mir gewesen sind, gedient haben.

35 Ich habe es euch alles gezeigt, daß man also arbeiten müsse und die Schwachen aufnehmen und gedenken an das Wort des HERRN Jesus, daß er gesagt hat: "Geben ist seliger denn Nehmen!"

36 Und als er solches gesagt, kniete er nieder und betete mit ihnen allen.

37 Es war aber viel Weinen unter ihnen allen, und sie fielen Paulus um den Hals und küßten ihn,

38 am allermeisten betrübt über das Wort, das er sagte, sie würden sein Angesicht nicht mehr sehen; und geleiteten ihn in das Schiff.

21. Kapitel

Paulus reist von Milet nach Jerusalem;
wird im Tempel gegriffen
und in das römische Lager geführt.

1 Als nun geschah, daß wir, von ihnen gewandt, dahinfuhren, kamen wir geradewegs gen Kos und am folgenden Tage gen Rhodus und von da nach Patara.

2 Und da wir ein Schiff fanden, das nach Phönizien fuhr, traten wir hinein und fuhren hin.

3 Als wir aber Zypern ansichtig wurden, ließen wir es zur linken Hand und schifften nach Syrien und kamen an zu Tyrus; denn daselbst sollte das Schiff die Ware niederlegen.

4 Und als wir Jünger fanden, blieben wir daselbst sieben Tage. Die sagten Paulus durch den Geist, er sollte nicht hinauf gen Jerusalem ziehen.

5 Und es geschah, da wir die Tage zugebracht hatten, zogen wir aus und reisten weiter. Und sie geleiteten uns alle mit Weib und Kindern bis hinaus vor die

Stadt, und wir knieten nieder am Ufer und beteten.

6 Und als wir einander gesegnet, traten wir ins Schiff; jene aber wandten sich wieder zu dem Ihren.

7 Wir aber vollzogen die Schiffahrt von Tyrus und kamen gen Ptolemais und grüßten die Brüder und blieben einen Tag bei ihnen.

8 Des andern Tages zogen wir aus, die wir um Paulus waren, und kamen gen Cäsarea und gingen in das Haus Philippus des Evangelisten, der einer der sieben war, und blieben bei ihm.

9 Der hatte vier Töchter, die waren Jungfrauen und weissagten.

10 Und als wir mehrere Tage dablieben, reiste herab ein Prophet aus Judäa, mit Namen Agabus, und kam zu uns.

11 Der nahm den Gürtel des Paulus und band sich die Hände und Füße und sprach: Das sagt der heilige Geist: Den Mann, des der Gürtel ist, werden die Juden also binden zu Jerusalem und überantworten in der Heiden Hände.

12 Als wir aber solches hörten, baten wir

und die desselben Ortes waren, daß er nicht hinauf gen Jerusalem zöge.

13 Paulus aber antwortete: Was macht ihr, daß ihr weinet und brechet mir mein Herz? Denn ich bin bereit, nicht allein mich binden zu lassen, sondern auch zu sterben zu Jerusalem um des Namens willen des HERRN Jesu.

14 Da er aber sich nicht überreden ließ, schwiegen wir und sprachen: Des HERRN Wille geschehe.

15 Und nach diesen Tagen machten wir uns fertig und zogen hinauf gen Jerusalem.

16 Es kamen aber mit uns auch etliche Jünger von Cäsarea und führten uns zu einem mit Namen Mnason aus Zypern, der ein alter Jünger war, bei dem wir herbergen sollten.

17 Da wir nun gen Jerusalem kamen, nahmen uns die Brüder gern auf.

18 Des andern Tages aber ging Paulus mit uns ein zu Jakobus, und es kamen die Ältesten alle dahin.

19 Und als er sie gegrüßt hatte, erzählte er eines nach dem andern, was Gott

getan hatte unter den Heiden durch sein Amt.

20 Da sie aber das hörten, lobten sie den HERRN und sprachen zu ihm: Bruder, du siehst, wieviel tausend Juden sind, die gläubig geworden sind, und alle sind Eiferer für das Gesetz;

21 sie sind aber berichtet worden wider dich, daß du lehrest von Moses abfallen alle Juden, die unter den Heiden sind, und sagest, sie sollen ihre Kinder nicht beschneiden, auch nicht nach desselben Weise wandeln.

22 Was denn nun? Allerdinge muß die Menge zusammenkommen; denn sie werden's hören, daß du gekommen bist.

23 So tue nun dies, was wir dir sagen.

24 Wir haben hier vier Männer, die haben ein Gelübde auf sich; die nimm zu dir und heilige dich mit ihnen und wage die Kosten an sie, daß sie ihr Haupt scheren, so werden alle vernehmen, daß es nicht so sei, wie sie wider dich berichtet sind, sondern daß du auch einhergehest und hältst das Gesetz.

25 Denn den Gläubigen aus den Heiden haben wir geschrieben und beschlossen,

daß sie der keines halten sollen, sondern nur sich bewahren vor Götzenopfer, vor Blut, vor Ersticktem und vor Hurerei.

26 Da nahm Paulus die Männer zu sich und heiligte sich des andern Tages mit ihnen und ging in den Tempel und ließ sich sehen, wie er aushielte die Tage, auf welche er sich heiligte, bis daß für einen jeglichen unter ihnen das Opfer gebracht ward.

27 Als aber die sieben Tage sollten vollendet werden, sahen ihn die Juden aus Asien im Tempel und erregten das ganze Volk, legten die Hände an ihn und schrieen:

28 Ihr Männer von Israel, helft! Dies ist der Mensch, der alle Menschen an allen Enden lehrt wider dies Volk, wider das Gesetz und wider diese Stätte; dazu hat er auch Griechen in den Tempel geführt und diese heilige Stätte gemein gemacht.

29 (Denn sie hatten mit ihm in der Stadt Trophimus, den Epheser gesehen; den, meinten sie, hätte Paulus in den Tempel geführt.)

30 Und die ganze Stadt ward bewegt, und ward ein Zulauf des Volks. Sie griffen

aber Paulus und zogen ihn zum Tempel hinaus; und alsbald wurden die Türen zugeschlossen.

31 Da sie ihn aber töten wollten, kam das Geschrei hinauf vor den obersten Hauptmann der Schar, wie das ganze Jerusalem sich empörte.

32 Der nahm von Stund an die Kriegsknechte und Hauptleute zu sich und lief unter sie. Da sie aber den Hauptmann und die Kriegsknechte sahen, hörten sie auf, Paulus zu schlagen.

33 Als aber der Hauptmann nahe herzukam, nahm er ihn an sich und hieß ihn binden mit zwei Ketten und fragte, wer er wäre und was er getan hätte.

34 Einer aber rief dies, der andere das im Volk. Da er aber nichts Gewisses erfahren konnte um des Getümmels willen, hieß er ihn in das Lager führen.

35 Und als er an die Stufen kam, mußten ihn die Kriegsknechte tragen vor Gewalt des Volks;

36 denn es folgte viel Volks nach und schrie: Weg mit ihm!

37 Als aber Paulus jetzt zum Lager eingeführt ward, sprach er zu dem

Hauptmann: Darf ich mit dir reden? Er aber sprach: Kannst du Griechisch?

38 Bist du nicht der Ägypter, der vor diesen Tagen einen Aufruhr gemacht hat und führte in die Wüste hinaus viertausend Meuchelmörder?

39 Paulus aber sprach: Ich bin ein jüdischer Mann von Tarsus, ein Bürger einer namhaften Stadt in Zilizien. Ich bitte dich, erlaube mir, zu reden zu dem Volk.

40 Als er aber es ihm erlaubte, trat Paulus auf die Stufen und winkte dem Volk mit der Hand. Da nun eine große Stille ward, redete er zu ihnen auf hebräisch und sprach:

22. Kapitel

Paulus erzählt den Juden die Geschichte seiner Bekehrung.

1 Ihr Männer, liebe Brüder und Väter, hört mein Verantworten an euch.

2 Da sie aber hörten, daß er auf hebräisch zu ihnen redete, wurden sie noch stiller. Und er sprach:

3 Ich bin ein jüdischer Mann, geboren zu Tarsus in Zilizien und erzogen in dieser Stadt zu den Füßen Gamaliels, gelehrt mit allem Fleiß im väterlichen Gesetz, und war ein Eiferer um Gott, gleichwie ihr heute alle seid,

4 und habe diesen Weg verfolgt bis an den Tod. Ich band sie und überantwortete sie ins Gefängnis, Männer und Weiber;

5 wie mir auch der Hohepriester und der ganze Haufe der Ältesten Zeugnis gibt, von welchen ich Briefe nahm an die Brüder und reiste gen Damaskus; daß ich, die daselbst waren, gebunden führte gen Jerusalem, daß sie bestraft würden.

6 Es geschah aber, da ich hinzog und nahe Damaskus kam, um den Mittag, umleuchtete mich schnell ein großes Licht vom Himmel.

7 Und ich fiel zum Erdboden und hörte eine Stimme, die sprach: Saul, Saul, was verfolgst du mich?

8 Ich antwortete aber: HERR, wer bist du? Und er sprach zu mir: Ich bin Jesus von Nazareth, den du verfolgst.

9 Die aber mit mir waren, sahen das

Licht und erschraken; die Stimme aber des, der mit mir redete, hörten sie nicht.

10 Ich sprach aber: HERR, was soll ich tun? Der HERR aber sprach zu mir: Stehe auf und gehe gen Damaskus; da wird man dir sagen von allem, was dir zu tun verordnet ist.

11 Als ich aber von der Klarheit dieses Lichtes nicht sehen konnte, ward ich bei der Hand geleitet von denen, die mit mir waren, und kam gen Damaskus.

12 Es war aber ein gottesfürchtiger Mann nach dem Gesetz, Ananias, der ein gut Gerücht hatte bei allen Juden, die daselbst wohnten;

13 der kam zu mir und trat her und sprach zu mir: Saul, lieber Bruder, siehe auf! Und ich sah ihn an zu derselben Stunde.

14 Er aber sprach: Der Gott unsrer Väter hat dich verordnet, daß du seinen Willen erkennen solltest und sehen den Gerechten und hören die Stimme aus seinem Munde;

15 denn du wirst Zeuge zu allen Menschen sein von dem, das du gesehen und gehört hast.

16 Und nun, was verziehst du? Stehe auf und laß dich taufen und abwaschen deine Sünden und rufe an den Namen des HERRN!

17 Es geschah aber, da ich wieder gen Jerusalem kam und betete im Tempel, daß ich entzückt ward und sah ihn.

18 Da sprach er zu mir: Eile und mache dich behend von Jerusalem hinaus; denn sie werden nicht aufnehmen dein Zeugnis von mir.

19 Und ich sprach: HERR, sie wissen selbst, daß ich gefangen legte und stäupte die, so an dich glaubten, in den Schulen hin und her;

20 und da das Blut des Stephanus, deines Zeugen, vergossen ward, stand ich auch dabei und hatte Wohlgefallen an seinem Tode und verwahrte denen die Kleider, die ihn töteten.

21 Und er sprach zu mir: Gehe hin; denn ich will dich ferne unter die Heiden senden!

22 Sie hörten aber ihm zu bis auf dies Wort und hoben ihre Stimme auf und sprachen: Hinweg mit solchem von der

Erde! denn es ist nicht billig, daß er leben soll.

23 Da sie aber schrieen und ihre Kleider abwarfen und den Staub in die Luft warfen,

24 hieß ihn der Hauptmann ins Lager führen und sagte, daß man ihn stäupen und befragen sollte, daß er erführe, um welcher Ursache willen sie also über ihn riefen.

25 Als man ihn aber mit Riemen anband, sprach Paulus zu dem Hauptmann der dabeistand: Ist's auch recht bei euch, einen römischen Menschen ohne Urteil und Recht zu geißeln?

26 Da das der Unterhauptmann hörte, ging er zum Oberhauptmann und verkündigte ihm und sprach: Was willst du machen? Dieser Mensch ist römisch.

27 Da kam zu ihm der Oberhauptmann und sprach zu ihm: Sage mir, bist du römisch? Er aber sprach: Ja.

28 Und der Oberhauptmann antwortete: Ich habe dies Bürgerrecht mit großer Summe zuwege gebracht. Paulus aber sprach: Ich bin aber auch römisch geboren.

29 Da traten sie alsobald von ihm ab, die ihn befragen sollten. Und der Oberhauptmann fürchtete sich, da er vernahm, daß er römisch war, und er ihn gebunden hatte.

30 Des andern Tages wollte er gewiß erkunden, warum er verklagt würde von den Juden, und löste ihn von den Banden und hieß die Hohenpriester und ihren ganzen Rat kommen und führte Paulus hervor und stellte ihn unter sie.

23. Kapitel

Paulus vor dem Hohen Rat. Pharisäer und Suddazäer seinetwegen uneins.
Der Herr spricht ihm zu.
Mordanschlag wieder ihn, vereitelt durch seine Abführung nach Cäsarea.

1 Paulus aber sah den Rat an und sprach: Ihr Männer, liebe Brüder, ich habe mit allem guten Gewissen gewandelt vor Gott bis auf diesen Tag.

2 Der Hohepriester aber, Ananias, befahl

denen, die um ihn standen, daß sie ihm aufs Maul schlügen.

3 Da sprach Paulus zu ihm: Gott wird dich schlagen, du getünchte Wand! Sitzt du, mich zu richten nach dem Gesetz, und heißt mich schlagen wider das Gesetz?

4 Die aber umherstanden sprachen: Schiltst du den Hohenpriester Gottes?

5 Und Paulus sprach: Liebe Brüder, ich wußte nicht, daß er der Hohepriester ist. Denn es steht geschrieben: "Dem Obersten deines Volkes sollst du nicht fluchen."

6 Da aber Paulus wußte, daß ein Teil Sadduzäer war und der andere Teil Pharisäer, rief er im Rat: Ihr Männer, liebe Brüder, ich bin ein Pharisäer und eines Pharisäers Sohn; ich werde angeklagt um der Hoffnung und Auferstehung willen der Toten.

7 Da er aber das sagte, ward ein Aufruhr unter den Pharisäern und Sadduzäern, und die Menge zerspaltete sich.

8 (Denn die Sadduzäer sagen: Es sei keine Auferstehung noch Engel noch

Geist; die Pharisäer aber bekennen beides.)

9 Es ward aber ein großes Geschrei; und die Schriftgelehrten von der Pharisäer Teil standen auf, stritten und sprachen: Wir finden nichts Arges an diesem Menschen; hat aber ein Geist oder ein Engel mit ihm geredet, so können wir mit Gott nicht streiten.

10 Da aber der Aufruhr groß ward, besorgte sich der oberste Hauptmann, sie möchten Paulus zerreißen, und hieß das Kriegsvolk hinabgehen und ihn von ihnen reißen und in das Lager führen.

11 Des andern Tages aber in der Nacht stand der HERR bei ihm und sprach: Sei getrost, Paulus! denn wie du von mir zu Jerusalem gezeugt hast, also mußt du auch zu Rom zeugen.

12 Da es aber Tag ward, schlugen sich etliche Juden zusammen und verschworen sich, weder zu essen noch zu trinken, bis daß sie Paulus getötet hätten.

13 Ihrer aber waren mehr denn vierzig, die solchen Bund machten.

14 Die traten zu den Hohenpriestern und

Ältesten und sprachen: Wir haben uns hart verschworen, nichts zu essen, bis wir Paulus getötet haben.

15 So tut nun kund dem Oberhauptmann und dem Rat, daß er ihn morgen zu euch führe, als wolltet ihr ihn besser verhören; wir aber sind bereit, ihn zu töten, ehe er denn vor euch kommt.

16 Da aber des Paulus Schwestersohn den Anschlag hörte, ging er hin und kam in das Lager und verkündete es Paulus.

17 Paulus aber rief zu sich einen von den Unterhauptleuten und sprach: Diesen Jüngling führe hin zu dem Oberhauptmann; denn er hat ihm etwas zu sagen.

18 Der nahm ihn und führte ihn zum Oberhauptmann und sprach: der gebundene Paulus rief mich zu sich und bat mich, diesen Jüngling zu dir zu führen, der dir etwas zu sagen habe.

19 Da nahm ihn der Oberhauptmann bei der Hand und wich an einen besonderen Ort und fragte ihn: Was ist's, das du mir zu sagen hast?

20 Er aber sprach: Die Juden sind eins geworden, dich zu bitten, daß du morgen

Paulus vor den Hohen Rat bringen lassest, als wollten sie ihn besser verhören.

21 Du aber traue ihnen nicht; denn es lauern auf ihn mehr als vierzig Männer unter ihnen, die haben sich verschworen, weder zu essen noch zu trinken, bis sie Paulus töten; und sind jetzt bereit und warten auf deine Verheißung.

22 Da ließ der Oberhauptmann den Jüngling von sich und gebot ihm, daß niemand sagte, daß er ihm solches eröffnet hätte,

23 und rief zu sich zwei Unterhauptleute und sprach: Rüstet zweihundert Kriegsknechte, daß sie gen Cäsarea ziehen, und siebzig Reiter und zweihundert Schützen auf die dritte Stunde der Nacht;

24 und die Tiere richtet zu, daß sie Paulus draufsetzen und bringen ihn bewahrt zu Felix, dem Landpfleger.

25 Und schrieb einen Brief, der lautete also:

26 Klaudius Lysias dem teuren Landpfleger Felix Freude zuvor!

27 Diesen Mann hatten die Juden gegriffen und wollten ihn getötet haben.

Da kam ich mit dem Kriegsvolk dazu und riß ihn von ihnen und erfuhr, daß er ein Römer ist.

28 Da ich aber erkunden wollte die Ursache, darum sie ihn beschuldigten, führte ich ihn in ihren Rat.

29 Da befand ich, daß er beschuldigt ward von wegen Fragen ihres Gesetzes, aber keine Anklage hatte, des Todes oder der Bande wert.

30 Und da vor mich kam, daß etliche Juden auf ihn lauerten, sandte ich ihn von Stund an zu dir und entbot den Klägern auch, daß sie vor Dir sagten, was sie wider ihn hätten. Gehab dich wohl!

31 Die Kriegsknechte, wie ihnen befohlen war, nahmen Paulus und führten ihn bei der Nacht gen Antipatris.

32 Des andern Tages aber ließen sie die Reiter mit ihm ziehen und wandten wieder um zum Lager.

33 Da die gen Cäsarea kamen, überantworteten sie den Brief dem Landpfleger und stellten ihm Paulus auch dar.

34 Da der Landpfleger den Brief las, fragte er, aus welchem Lande er wäre.

Und da er erkundet, daß er aus Zilizien wäre sprach er:

35 Ich will dich verhören, wenn deine Verkläger auch da sind. Und hieß ihn verwahren in dem Richthause des Herodes.

24. Kapitel

Paulus vor dem Landpfleger Felix.

1 Über fünf Tage zog hinab der Hohepriester Ananias mit den Ältesten und mit dem Redner Tertullus; die erschienen vor dem Landpfleger wider Paulus.

2 Da er aber berufen ward, fing an Tertullus zu verklagen und sprach:

3 Daß wir im großen Frieden leben unter dir und viel Wohltaten diesem Volk widerfahren durch deine Fürsichtigkeit, allerteuerster Felix, das nehmen wir an allewege und allenthalben mit aller Dankbarkeit.

4 Auf daß ich aber dich nicht zu lange aufhalte, bitte ich dich, du wolltest uns

kürzlich hören nach deiner Gelindigkeit.

5 Wir haben diesen Mann gefunden schädlich, und der Aufruhr erregt allen Juden auf dem ganzen Erdboden, und einen vornehmsten der Sekte der Nazarener,

6 der auch versucht hat, den Tempel zu entweihen; welchen wir auch griffen und wollten ihn gerichtet haben nach unserem Gesetz.

7 Aber Lysias, der Hauptmann, kam dazu und führte ihn mit großer Gewalt aus unseren Händen

8 und hieß seine Verkläger zu dir kommen; von welchem du kannst, so du es erforschen willst, das alles erkunden, um was wir ihn verklagen.

9 Die Juden aber redeten auch dazu und sprachen, es verhielte sich also.

10 Paulus aber, da ihm der Landpfleger winkte zu reden, antwortete: Dieweil ich weiß, daß du in diesem Volk nun viele Jahre ein Richter bist, will ich unerschrocken mich verantworten;

11 denn du kannst erkennen, daß es nicht mehr als zwölf Tage sind, daß ich

bin hinauf gen Jerusalem gekommen, anzubeten.

12 Auch haben sie mich nicht gefunden im Tempel mit jemanden reden oder einen Aufruhr machen im Volk noch in den Schulen noch in der Stadt.

13 Sie können mir auch der keines beweisen, dessen sie mich verklagen.

14 Das bekenne ich aber dir, daß ich nach diesem Wege, den sie eine Sekte heißen, diene also dem Gott meiner Väter, daß ich glaube allem, was geschrieben steht im Gesetz und in den Propheten,

15 und habe die Hoffnung zu Gott, auf welche auch sie selbst warten, nämlich, daß zukünftig sei die Auferstehung der Toten, der Gerechten und der Ungerechten.

16 Dabei aber übe ich mich, zu haben ein unverletzt Gewissen allenthalben, gegen Gott und die Menschen.

17 Aber nach vielen Jahren bin ich gekommen und habe ein Almosen gebracht meinem Volk, und Opfer.

18 Darüber fanden sie mich, daß ich mich geheiligt hatte im Tempel, ohne

allen Lärm und Getümmel.

19 Das waren aber etliche Juden aus Asien, welche sollten hier sein vor dir und mich verklagen, so sie etwas wider mich hätten.

20 Oder laß diese selbst sagen, ob sie etwas Unrechtes an mir gefunden haben, dieweil ich stand vor dem Rat,

21 außer um des einzigen Wortes willen, da ich unter ihnen stand und rief: Über die Auferstehung der Toten werde ich von euch heute angeklagt.

22 Da aber Felix solches hörte, zog er sie hin; denn er wußte gar wohl um diesen Weg und sprach: Wenn Lysias, der Hauptmann, herabkommt, so will ich eure Sache erkunden.

23 Er befahl aber dem Unterhauptmann, Paulus zu behalten und lassen Ruhe haben und daß er niemand von den Seinen wehrte, ihm zu dienen oder zu ihm zu kommen.

24 Nach etlichen Tagen aber kam Felix mit seinem Weibe Drusilla, die eine Jüdin war, und forderte Paulus und hörte ihn von dem Glauben an Christus.

25 Da aber Paulus redete von der

Gerechtigkeit und von der Keuschheit und von dem Zukünftigen Gericht, erschrak Felix und antwortete: Gehe hin auf diesmal; wenn ich gelegene Zeit habe, will ich dich herrufen lassen.

26 Er hoffte aber daneben, daß ihm von Paulus sollte Geld gegeben werden, daß er ihn losgäbe; darum er ihn auch oft fordern ließ und besprach sich mit ihm.

27 Da aber zwei Jahre um waren, kam Porcius Festus an Felix Statt. Felix aber wollte den Juden eine Gunst erzeigen und ließ Paulus hinter sich gefangen.

25. Kapitel

Paulus beruft sich vor dem Landpfleger
Festus auf den Kaiser und wird
dem jüdischen König Agrippa vorgestellt.

1 Da nun Festus ins Land gekommen war, zog er über drei Tage hinauf von Cäsarea gen Jerusalem.

2 Da erschienen vor ihm die Vornehmsten der Juden wider Paulus und ermahnten ihn

3 und baten um Gunst wider ihn, daß er ihn fordern ließe gen Jerusalem, und stellten ihm nach, daß sie ihn unterwegs umbrächten.

4 Da antwortete Festus, Paulus würde ja behalten zu Cäsarea; aber er würde in kurzem wieder dahin ziehen.

5 Welche nun unter euch (sprach er) können, die laßt mit hinabziehen und den Mann verklagen, so etwas an ihm ist.

6 Da er aber bei ihnen mehr denn zehn Tage gewesen war, zog er hinab gen Cäsarea; und des andern Tages setzte er sich auf den Richtstuhl und hieß Paulus holen.

7 Da der aber vor ihn kam, traten umher die Juden, die von Jerusalem herabgekommen waren, und brachten auf viele und schwere Klagen wider Paulus, welche sie nicht konnten beweisen,

8 dieweil er sich verantwortete: Ich habe weder an der Juden Gesetz noch an dem Tempel noch am Kaiser mich versündigt.

9 Festus aber wollte den Juden eine Gunst erzeigen und antwortete Paulus und sprach: Willst du hinauf gen

Jerusalem und daselbst über dieses dich vor mir richten lassen?

10 Paulus aber sprach: Ich stehe vor des Kaisers Gericht, da soll ich mich lassen richten; den Juden habe ich kein Leid getan, wie auch du aufs beste weißt.

11 Habe ich aber jemand Leid getan und des Todes wert gehandelt, so weigere ich mich nicht, zu sterben; ist aber der keines nicht, dessen sie mich verklagen, so kann mich ihnen niemand übergeben. Ich berufe mich auf den Kaiser!

12 Da besprach sich Festus mit dem Rat und antwortete: Auf den Kaiser hast du dich berufen, zum Kaiser sollst du ziehen.

13 Aber nach etlichen Tagen kamen der König Agrippa und Bernice gen Cäsarea, Festus zu begrüßen.

14 Und da sie viele Tage daselbst gewesen waren, legte Festus dem König den Handel von Paulus vor und sprach: Es ist ein Mann von Felix hinterlassen gefangen,

15 um welches willen die Hohenpriester und Ältesten vor mir erschienen, da ich zu Jerusalem war, und baten, ich sollte ihn richten lassen;

16 Denen antwortete ich: Es ist der Römer Weise nicht, daß ein Mensch übergeben werde, ihn umzubringen, ehe denn der Verklagte seine Kläger gegenwärtig habe und Raum empfange, sich auf die Anklage zu verantworten.

17 Da sie aber her zusammenkamen, machte ich keinen Aufschub und hielt des andern Tages Gericht und hieß den Mann vorbringen;

18 und da seine Verkläger auftraten, brachten sie der Ursachen keine auf, deren ich mich versah.

19 Sie hatten aber etliche Fragen wider ihn von ihrem Aberglauben und von einem verstorbenen Jesus, von welchem Paulus sagte, er lebe.

20 Da ich aber mich auf die Frage nicht verstand, sprach ich, ob er wollte gen Jerusalem reisen und daselbst sich darüber lassen richten.

21 Da aber Paulus sich berief, daß er für des Kaisers Erkenntnis aufbehalten würde, hieß ich ihn behalten, bis daß ich ihn zum Kaiser sende.

22 Agrippa aber sprach zu Festus: Ich möchte den Menschen auch gerne hören.

Er aber sprach: Morgen sollst du ihn hören.

23 Und am andern Tage, da Agrippa und Bernice kamen mit großem Gepränge und gingen in das Richthaus mit den Hauptleuten und vornehmsten Männern der Stadt, und da es Festus hieß, ward Paulus gebracht.

24 Und Festus sprach: Lieber König Agrippa und alle ihr Männer, die ihr mit uns hier seid, da seht ihr den, um welchen mich die ganze Menge der Juden angegangen hat, zu Jerusalem und auch hier, und schrieen, er solle nicht länger leben.

25 Aber, da ich vernahm, daß er nichts getan hatte, das des Todes wert sei, und er sich selber auf den Kaiser berief, habe ich beschlossen, ihn zu senden.

26 Etwas Gewisses aber habe ich von ihm nicht, das ich dem Herrn schreibe. Darum habe ich ihn lassen hervorbringen vor euch, allermeist aber vor dich, König Agrippa, auf daß ich nach geschehener Erforschung haben möge, was ich schreibe.

27 Denn es dünkt mich ein ungeschicktes Ding zu sein, einen Gefangenen schicken und keine Ursachen wider ihn anzuzeigen.

26. Kapitel

Paulus verantwortet sich
vor Festus und dem König Agrippa.
Beide erkennen seine Unschuld an.

1 Agrippa aber sprach zu Paulus: es ist dir erlaubt, für dich zu reden. Da reckte Paulus die Hand aus und verantwortete sich:

2 Es ist mir sehr lieb, König Agrippa, daß ich mich heute vor dir verantworten soll über alles, dessen ich von den Juden beschuldigt werde;

3 allermeist weil du weißt alle Sitten und Fragen der Juden. Darum bitte ich dich, du wollest mich geduldig hören.

4 Zwar mein Leben von Jugend auf, wie das von Anfang unter diesem Volk zu Jerusalem zugebracht ist, wissen alle Juden,

5 die mich von Anbeginn gekannt haben, wenn sie es wollten bezeugen. Denn ich bin ein Pharisäer gewesen, welches ist die strengste Sekte unseres Gottesdienstes.

6 Und nun stehe ich und werde angeklagt über die Hoffnung auf die Verheißung, so geschehen ist von Gott zu unsern Vätern,

7 zu welcher hoffen die zwölf Geschlechter der Unsern zu kommen mit Gottesdienst emsig Tag und Nacht. Dieser Hoffnung halben werde ich, König Agrippa, von den Juden beschuldigt.

8 Warum wird das für unglaublich bei euch geachtet, das Gott Tote auferweckt?

9 Zwar meinte ich auch bei mir selbst, ich müßte viel zuwider tun dem Namen Jesu von Nazareth,

10 wie ich denn auch zu Jerusalem getan habe, da ich viele Heilige in das Gefängnis verschloß, darüber ich Macht von den Hohenpriestern empfing; und wenn sie erwürgt wurden, half ich das Urteil sprechen.

11 Und durch alle Schulen peinigte ich sie oft und zwang sie zu lästern; und war

überaus unsinnig auf sie, verfolgte sie auch bis in die fremden Städte.

12 Über dem, da ich auch gen Damaskus reiste mit Macht und Befehl von den Hohenpriestern,

13 sah ich mitten am Tage, o König, auf dem Wege ein Licht vom Himmel, heller denn der Sonne Glanz, das mich und die mit mir reisten, umleuchtete.

14 Da wir aber alle zur Erde niederfielen, hörte ich eine Stimme reden zu mir, die sprach auf hebräisch: Saul, Saul, was verfolgst du mich? Es wird dir schwer sein, wider den Stachel zu lecken.

15 Ich aber sprach: HERR, wer bist du? Er sprach: Ich bin Jesus, den du verfolgst; aber stehe auf und tritt auf deine Füße.

16 Denn dazu bin ich dir erschienen, daß ich dich ordne zum Diener und Zeugen des, das du gesehen hast und das ich dir noch will erscheinen lassen;

17 und ich will dich erretten von dem Volk und von den Heiden, unter welche ich dich jetzt sende,

18 aufzutun ihre Augen, daß sie sich bekehren von der Finsternis zu dem Licht und von der Gewalt des Satans zu Gott,

zu empfangen Vergebung der Sünden und das Erbe samt denen, die geheiligt werden durch den Glauben an mich.

19 Daher, König Agrippa, war ich der himmlischen Erscheinung nicht ungläubig,

20 sondern verkündigte zuerst denen zu Damaskus und Jerusalem und in alle Gegend des jüdischen Landes und auch der Heiden, daß sie Buße täten und sich bekehrten zu Gott und täten rechtschaffene Werke der Buße.

21 Um deswillen haben mich die Juden im Tempel gegriffen und versuchten, mich zu töten.

22 Aber durch Hilfe Gottes ist es mir gelungen und stehe ich bis auf diesen Tag und zeuge beiden, dem Kleinen und Großen, und sage nichts außer dem, was die Propheten gesagt haben, daß es geschehen sollte, und Mose:

23 daß Christus sollte leiden und der erste sein aus der Auferstehung von den Toten und verkündigen ein Licht dem Volk und den Heiden.

24 Da er aber solches zur Verantwortung gab, sprach Festus mit

lauter Stimme: Paulus, du rasest! Die große Kunst macht dich rasend.

25 Er aber sprach: Mein teurer Festus, ich rase nicht, sondern rede wahre und vernünftige Worte.

26 Denn der König weiß solches wohl, zu welchem ich freudig rede. Denn ich achte, ihm sei der keines verborgen; denn solches ist nicht im Winkel geschehen.

27 Glaubst du, König Agrippa, den Propheten? Ich weiß, daß du glaubst.

28 Agrippa aber sprach zu Paulus: Es fehlt nicht viel, du überredest mich, daß ich ein Christ würde.

29 Paulus aber sprach: Ich wünschte vor Gott, es fehle nun an viel oder an wenig, daß nicht allein du, sondern alle, die mich heute hören, solche würden, wie ich bin, ausgenommen diese Bande.

30 Und da er das gesagt, stand der König auf und der Landpfleger und Bernice und die die mit ihnen saßen,

31 und wichen beiseits, redeten miteinander und sprachen: Dieser Mensch hat nichts getan, das des Todes oder der Bande wert sei.

32 Agrippa aber sprach zu Festus: Dieser Mensch hätte können losgegeben werden, wenn er sich nicht auf den Kaiser berufen hätte.

27. Kapitel

Paulus wird als Gefangener nach Rom geführt. Schiffbruch und Errettung. Ankunft in Melite.

1 Da es aber beschlossen war, daß wir nach Italien schiffen sollten, übergaben sie Paulus und etliche andere Gefangene dem Unterhauptmann mit Namen Julius, von der "kaiserlichen" Schar.

2 Da wir aber in ein adramyttisches Schiff traten, daß wir an Asien hin schiffen sollten, fuhren wir vom Lande; und mit uns war Aristarchus aus Mazedonien, von Thessalonich.

3 Und des andern Tages kamen wir an zu Sidon; und Julius hielt sich freundlich gegen Paulus, erlaubte ihm, zu seinen guten Freunden zu gehen und sich zu pflegen.

4 Und von da stießen wir ab und schifften unter Zypern hin, darum daß uns die Winde entgegen waren,

5 und schifften durch das Meer bei Zilizien und Pamphylien und kamen gen Myra in Lyzien.

6 Und daselbst fand der Unterhauptmann ein Schiff von Alexandrien, das schiffte nach Italien, und ließ uns darauf übersteigen.

7 Da wir aber langsam schifften und in vielen Tagen kaum gegen Knidus kamen (denn der Wind wehrte uns), schifften wir unter Kreta hin bei Salmone

8 und zogen mit Mühe vorüber; da kamen wir an eine Stätte, die heißt Gutfurt, dabei war nahe die Stadt Lasäa.

9 Da nun viel Zeit vergangen war und nunmehr gefährlich war zu schiffen, darum daß auch das Fasten schon vorüber war, vermahnte sie Paulus

10 und sprach zu ihnen: Liebe Männer, ich sehe, [ich sehe voraus (2)] daß die Schiffahrt will mit Leid und großem Schaden ergehen, nicht allein der Last und des Schiffes sondern auch unsers Lebens.

11 Aber der Unterhauptmann glaubte dem Steuermann und dem Schiffsherrn mehr denn dem, was Paulus sagte.

12 Und da die Anfurt ungelegen war, zu überwintern, bestanden ihrer das mehrere Teil auf dem Rat, von dannen zu fahren, ob sie könnten kommen gen Phönix, zu überwintern, welches ist eine Anfurt an Kreta gegen Südwest und Nordwest.

13 Da aber der Südwind wehte und sie meinten, sie hätten nun ihr Vornehmen, erhoben sie sich und fuhren näher an Kreta hin.

14 Nicht lange aber darnach erhob sich wider ihr Vornehmen eine Windsbraut, die man nennt Nordost.

15 Und da das Schiff ergriffen ward und konnte sich nicht wider den Wind richten, gaben wir's dahin und schwebten also.

16 Wir kamen aber an eine Insel, die heißt Klauda; da konnten wir kaum den Kahn ergreifen.

17 Den hoben wir auf und brauchten die Hilfe und unterbanden das Schiff; denn wir fürchteten, es möchte in die Syrte

fallen, und ließen die Segel herunter und fuhren also.

18 Und da wir großes Ungewitter erlitten, taten sie des nächsten Tages einen Auswurf.

19 Und am dritten Tage warfen wir mit unseren Händen aus die Gerätschaft im Schiffe.

20 Da aber an vielen Tagen weder Sonne noch Gestirn erschien und ein nicht kleines Ungewitter uns drängte, war alle Hoffnung unsres Lebens dahin.

21 Und da man lange nicht gegessen hatte, trat Paulus mitten unter sie und sprach: Liebe Männer, man solltet mir gehorcht haben und nicht von Kreta aufgebrochen sein, und uns dieses Leides und Schadens überhoben haben.

22 Und nun ermahne ich euch, daß ihr unverzagt seid; denn keines Leben aus uns wird umkommen, nur das Schiff.

23 Denn diese Nacht ist bei mir gestanden der Engel Gottes, des ich bin und dem ich diene,

24 und sprach: Fürchte dich nicht, Paulus! du mußt vor den Kaiser gestellt

werden; und siehe, Gott hat dir geschenkt alle, die mit dir schiffen.

25 Darum, liebe Männer, seid unverzagt; denn ich glaube Gott, es wird also geschehen, wie mir gesagt ist.

26 Wir müssen aber anfahren an eine Insel.

27 Da aber die vierzehnte Nacht kam, daß wir im Adria-Meer fuhren, um die Mitternacht, wähnten die Schiffsleute, sie kämen etwa an ein Land.

28 Und sie senkten den Bleiwurf ein und fanden zwanzig Klafter tief; und über ein wenig davon senkten sie abermals und fanden fünfzehn Klafter.

29 Da fürchteten sie sich, sie würden an harte Orte anstoßen, und warfen hinten vom Schiffe vier Anker und wünschten, daß es Tag würde.

30 Da aber die Schiffsleute die Flucht suchten aus dem Schiffe und den Kahn niederließen in das Meer und gaben vor, sie wollten die Anker vorn aus dem Schiffe lassen,

31 sprach Paulus zu dem Unterhauptmann und zu den Kriegsknechten: Wenn diese nicht im

Schiffe bleiben, so könnt ihr nicht am Leben bleiben.

32 Da hieben die Kriegsknechte die Stricke ab von dem Kahn und ließen ihn fallen.

33 Und da es anfing licht zu werden, ermahnte sie Paulus alle, daß sie Speise nähmen, und sprach: Es ist heute der vierzehnte Tag, daß ihr wartet und ungegessen geblieben seid und habt nichts zu euch genommen.

34 Darum ermahne ich euch, Speise zu nehmen, euch zu laben; denn es wird euer keinem ein Haar von dem Haupt entfallen.

35 Und da er das gesagt, nahm er das Brot, dankte Gott vor ihnen allen und brach's und fing an zu essen.

36 Da wurden sie alle gutes Muts und nahmen auch Speise.

37 Unser waren aber alle zusammen im Schiff zweihundert und sechsundsiebzig Seelen.

38 Und da sie satt geworden, erleichterten sie das Schiff und warfen das Getreide in das Meer.

39 Da es aber Tag ward, kannten sie das

Land nicht; einer Anfurt aber wurden sie gewahr, die hatte ein Ufer; dahinan wollten sie das Schiff treiben, wo es möglich wäre.

40 Und sie hieben die Anker ab und ließen sie dem Meer, lösten zugleich die Bande der Steuerruder auf und richteten das Segel nach dem Winde und trachteten nach dem Ufer.

41 Und da wir fuhren an einen Ort, der auf beiden Seiten Meer hatte, stieß sich das Schiff an, und das Vorderteil blieb feststehen unbeweglich; aber das Hinterteil zerbrach von der Gewalt der Wellen.

42 Die Kriegsknechte aber hatten einen Rat, die Gefangenen zu töten, daß nicht jemand, so er ausschwömme, entflöhe.

43 Aber der Unterhauptmann wollte Paulus erhalten und wehrte ihrem Vornehmen und hieß, die da schwimmen könnten, sich zuerst in das Meer lassen und entrinnen an das Land,

44 die andern aber etliche auf Brettern, etliche auf dem, das vom Schiff war. Und also geschah es, daß sie alle gerettet zu Lande kamen.

28. Kapitel

Freundliche Aufnahme in Melite (jetzt Malta).
Des Paulus Wundertat daselbst.
Seine Ankunft und Predigt in Rom.

1 Und da wir gerettet waren, erfuhren wir, daß die Insel Melite hieß.

2 Die Leutlein aber erzeigten uns nicht geringe Freundschaft, zündeten ein Feuer an und nahmen uns alle auf um des Regens, der über uns gekommen war, und um der Kälte willen.

3 Da aber Paulus einen Haufen Reiser zusammenraffte, und legte sie aufs Feuer, kam eine Otter von der Hitze hervor und fuhr Paulus an seine Hand.

4 Da aber die Leutlein sahen das Tier an seiner Hand hangen, sprachen sie untereinander: Dieser Mensch muß ein Mörder sein, den die Rache nicht leben läßt, ob er gleich dem Meer entgangen ist.

5 Er aber schlenkerte das Tier ins Feuer, und ihm widerfuhr nicht Übles.

6 Sie aber warteten, wenn er schwellen würde oder tot niederfallen. Da sie aber

lange warteten und sahen, daß ihm nichts Ungeheures widerfuhr, wurden sie anderes Sinnes und sprachen, er wäre ein Gott.

7 An diesen Örtern aber hatte der Oberste der Insel, mit Namen Publius, ein Vorwerk; der nahm uns auf und herbergte uns drei Tage freundlich.

8 Es geschah aber, daß der Vater des Publius am Fieber und an der Ruhr lag. Zu dem ging Paulus hinein und betete und legte die Hand auf ihn und machte ihn gesund.

9 Da das geschah, kamen auch die andern auf der Insel herzu, die Krankheiten hatten, und ließen sich gesund machen.

10 Und sie taten uns große Ehre; und da wir auszogen, luden sie auf, was uns not war.

11 Nach drei Monaten aber fuhren wir aus in einem Schiffe von Alexandrien, welches bei der Insel überwintert hatte und hatte ein Panier der Zwillinge.

12 Und da wir gen Syrakus kamen, blieben wir drei Tage da.

13 Und da wir umschifften, kamen wir

gen Rhegion; und nach einem Tage, da der Südwind sich erhob, kamen wir des andern Tages gen Puteoli.

14 Da fanden wir Brüder und wurden von ihnen gebeten, daß wir sieben Tage dablieben. Und also kamen wir gen Rom.

15 Und von dort, da die Brüder von uns hörten, gingen sie aus, uns entgegen, bis gen Appifor und Tretabern. Da die Paulus sah, dankte er Gott und gewann eine Zuversicht.

16 Da wir aber gen Rom kamen, überantwortete der Unterhauptmann die Gefangenen dem obersten Hauptmann. Aber Paulus ward erlaubt zu bleiben, wo er wollte, mit einem Kriegsknechte, der ihn hütete.

17 Es geschah aber nach drei Tagen, daß Paulus zusammenrief die Vornehmsten der Juden. Da sie zusammenkamen, sprach er zu ihnen: Ihr Männer, liebe Brüder, ich habe nichts getan wider unser Volk noch wider väterliche Sitten, und bin doch gefangen aus Jerusalem übergeben in der Römer Hände.

18 Diese, da sie mich verhört hatten,

wollten sie mich losgeben, dieweil keine Ursache des Todes an mir war.

19 Da aber die Juden dawider redeten, ward ich genötigt, mich auf den Kaiser zu berufen; nicht, als hätte ich mein Volk um etwas zu verklagen.

20 Um der Ursache willen habe ich euch gebeten, daß ich euch sehen und ansprechen möchte; denn um der Hoffnung willen Israels bin ich mit dieser Kette umgeben.

21 Sie aber sprachen zu ihm: Wir haben weder Schrift empfangen aus Judäa deinethalben, noch ist ein Bruder gekommen, der von dir etwas Arges verkündigt oder gesagt habe.

22 Doch wollen wir von dir hören, was du hältst; denn von dieser Sekte ist uns kund, daß ihr wird an allen Enden widersprochen.

23 Und da sie ihm einen Tag bestimmt hatten, kamen viele zu ihm in die Herberge, welchen er auslegte und bezeugte das Reich Gottes; und er predigte ihnen von Jesus aus dem Gesetz Mose's und aus den Propheten von frühmorgens an bis an den Abend.

24 Und etliche fielen dem zu, was er sagte; etliche aber glaubten nicht.

25 Da sie aber untereinander mißhellig waren, gingen sie weg, als Paulus das eine Wort redete: Wohl hat der heilige Geist gesagt durch den Propheten Jesaja zu unsern Vätern

26 und gesprochen: "Gehe hin zu diesem Volk und sprich: Mit den Ohren werdet ihr's hören, und nicht verstehen; und mit den Augen werdet ihr's sehen, und nicht erkennen.

27 Denn das Herz dieses Volks ist verstockt, und sie hören schwer mit den Ohren und schlummern mit ihren Augen, auf daß sie nicht dermaleinst sehen und mit den Augen und hören mit den Ohren und verständig werden im Herzen und sich bekehren, daß ich ihnen hülfe."

28 So sei es euch kundgetan, daß den Heiden gesandt ist dies Heil Gottes; und sie werden's hören.

29 Und da er solches redete, gingen die Juden hin und hatten viel Fragens unter sich selbst.

30 Paulus aber blieb zwei Jahre in

seinem eigenen Gedinge und nahm auf alle, die zu ihm kamen,

 31 predigte das Reich Gottes und lehrte von dem HERRN Jesus mit aller Freudigkeit unverboten.

Register:

(1) Übersetzungsalternative nach Urtext, vergl.: Bibelübersetzungen, siehe auch: Johannes Greber, Der Verkehr mit der Geisterwelt Gottes

(2) Übersetzungsalternative nach Urtext, vergl.: Bibelübersetzungen, Elberfelder, Menge, Neue Züricher Bibel u.a.